Value
added tax

Research

Reform

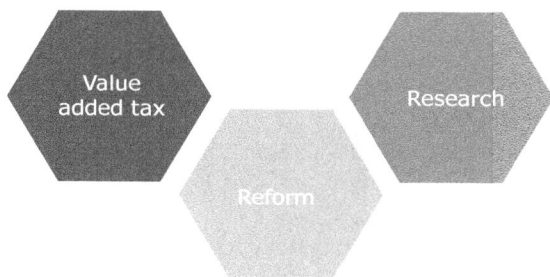

中国增值税改革研究

ZHONGGUO ZENGZHISHUI GAIGE YANJIU

姜明耀 著

首都经济贸易大学出版社

Capital University of Economics and Business Press

·北 京·

图书在版编目(CIP)数据

中国增值税改革研究/姜明耀著. －－北京:首都经济贸易大学
出版社,2017.11

ISBN 978 － 7 － 5638 － 2705 － 3

Ⅰ.①中… Ⅱ.①姜… Ⅲ.①增值税—税制改革—研究—
中国 Ⅳ.①F812.424

中国版本图书馆 CIP 数据核字(2017)第 213203 号

中国增值税改革研究

姜明耀 著

责任编辑	彭 芳	
封面设计	**风得信·阿东** FondesyDesign	
出版发行	首都经济贸易大学出版社	
地 址	北京市朝阳区红庙 (邮编100026)	
电 话	(010)65976483 65065761 65071505(传真)	
网 址	http://www.sjmcb.com	
E － mail	publish@cueb.edu.cn	
经 销	全国新华书店	
照 排	北京砚祥志远激光照排技术有限公司	
印 刷	北京九州迅驰传媒文化有限公司	
开 本	710 毫米 ×1000 毫米 1/16	
字 数	211 千字	
印 张	12	
版 次	2017 年 11 月第 1 版 2017 年 11 月第 1 次印刷	
书 号	ISBN 978 － 7 － 5638 － 2705 － 3/F·1508	
定 价	39.00 元	

前　言

　　2009—2012 年，笔者博士在读期间，选择增值税作为主要研究对象，博士论文自然也是围绕增值税改革展开的。本书在博士论文的基础上，重新调整了论证结构与思路，增加了笔者近年来对"营改增"的新思考。关于"营改增"的问题，笔者认为，现有研究可能存在以下"盲区"与"误区"。

　　首先，增值税一定比营业税更有效吗？增值税比营业税更有效的理论依据源自戴蒙德和米尔利斯（Diamond & Mirrlees，1971）。他们认为，"不对中间产品征税可以达到生产效率（帕累托最优条件之一）"。因而，不对中间产品征税的增值税在效率上要优于营业税。这一推论是建立在一系列假设条件之上的。后来一些国际知名学者（如 Myles，Das－Gupta 等）从不同角度放松了戴蒙德和米尔利斯（1971）的假设，得出的结论是"应对中间产品征税"。换言之，在某些情况（甚至是更普遍的情况）下，营业税比增值税更有效。但是，这些颠覆性的研究结论似乎并未引起国内研究者足够的重视。

　　其次，"营改增"固然能消除重复征税，但考虑到我国"营改增"前的税制与当前经济的一些新特点，我国营业税重复征税的程度可能被高估了。在相同税率下，与增值税相比，营业税的重复征税问题更突出。如果营业税税率远低于增值税税率，则营业税重复征税的程度将大幅降低。此外，随着电子商务、厂家直销等交易平台的发展，商品在流通过程中所经历的流转环节在一定程度上呈现减少趋势。流通环节的减少也会降低营业税重复征税的不利影响。遗憾的是，由于缺少关键数据，准确测度营业税重复征税的程度是较为困难的。在无法明确营业税重复征税程度的高低时，将消除重复征税作为"营改增"的核心理由，其充分性有待商榷。

　　此外，对于"营改增"，还有一些值得进一步研究的问题。例如，商品与服务的差异是否应体现在增值税的税制设计上？如何理解"营改增"后部分服务业税负上升与"营改增"促进服务业发展之间的"矛盾"？在可预见的未来，增值税是否会"永生"？我们知道，增值税归宿不清的毛病是娘胎里带的。在现代社会，是否应当取消这样归宿不清的税收？在大数据时代，增值税是否会被直接消费税所取代？

上述问题无一不在提示我们：即便"营改增"已在全国推广，仍然有必要对增值税改革所涉及的一些基本问题进行深入探讨。这正是本书的写作目的。

在写作过程中，笔者始终以爱伦·A. 泰特为标杆。但本书与泰特的名著《增值税——国际实践和问题》相比，仍有相当大的差距，书中错误与缺憾也在所难免，敬请读者不吝赐教。

目 录

CONTENTS

1 中国一般流转税改革历程：1950—2010 年

一般流转税是指以商品（包括服务）的流转税或营业额为征税对象普遍征收的一类税收。一般流转税主要功能是筹集收入。与特殊流转税相比，一般流转税的课税范围更广泛。1950—2010 年，我国一般流转税改革大体经历了三个阶段。第一阶段，1950—1978 年，以简化税制为主线。1950 年，建立工商业税。1958 年，为简化税制，将工商业税中的营业税部分并入工商统一税，工商业税中的所得税部分改为工商所得税。1973 年，进一步简化税制，将国内企业的工商统一税并入工商税。第二阶段，1979—1993 年，试点增值税，改革工商税制。为解决工商税重复征税、税负不平等的问题，从 1979 年开始，在部分地区试点增值税。1982 年，扩大试点范围。1984 年，进一步改革工商税制。改革后，增值税、产品税与营业税成为流转税的三大税种。第三阶段，1994—2010 年，增值税与营业税并行与完善。1994 年分税制财政体制改革后，增值税和营业税成为我国一般流转税的主要税种。在此期间，我国增值税初步完成从生产型增值税向消费型增值税的转变①。

1.1 1950—1978 年：以简化税制为主线

中华人民共和国成立后，一般流转税改革以简化税制为主线。其中，有三个时间点（1950 年、1958 年与 1973 年）和三个税种（工商业税、工商统一税与工商税）值得特别关注。

1.1.1 1950 年的工商业税

根据"国家的税收政策，应以保障革命战争的供给，照顾生产的恢复和发展及国家建设的需要为原则，简化税制，实行合理负担"的原则②，从 1950 年起，中国开始建立自己的税收制度，先后颁布了《全国税政实施要则》《关于统一全国税收政策的决定》《全国各级税务机关暂行组织规程》等法规。在《全国税政实施要则》确定征收的 14 个税种（不包括农业税）中，就有工商业税。

1950 年 1 月，政务院颁布《工商业税暂行条例》。工商业税制正式建立。当时的工商业税是对我国境内的企业（包括公营、私营、公私合营以及合作事业在内的工商营利企业），就其营业额和所得额征收的一种税。按照工商业者经营方式，工商业分为固定工商业、临时商业及摊贩业，分

---

① 为尽可能准确描述中国一般流转税的改革历程，笔者同时比较、参考了多份相关研究专著。当然，本章事实资料也主要来自这些著作。主要包括：韩绍初. 改革进程中的中国增值税 [M]. 北京：中国税务出版社，2010；高培勇，孙国府，张迪恩. 中国财税改革 30 年：回顾与展望 [M]. 北京：中国财政经济出版社，2009；财政部财政科学研究所. 营改增：牵一发而动全身的改革 [M]. 北京：中国财政经济出版社，2013；等等。

② 参见：中华人民共和国政治协商会议通过的《中华人民共和国政治协商会议共同纲领》。

别采用不同的征税方式。固定工商业应纳的工商业税，分为依营业额计算部分和依所得额计算部分分别征收；临时商业及摊贩业的营业税和所得税合并征收。

对于固定工商业，工商业税中营业税部分的征税范围基本涵盖了当时几乎所有工商营利企业，工商业税分行业制定比例税率。计税依据为营业总收入额的企业称为甲类，税率为1%～3%；计税依据为营业总收益额的企业称为乙类，税率为1.5%～6%；计税依据为佣金收益额的企业称为丙类，税率为6%～15%。

1950年12月，修订《工商业税暂行条例》。修正后的条例将营业税的税率由原来的1%～20%调整为1%～15%。甲类企业包括工业部分和商业部分。工业部分包括机械制造业在内的30种行业，几乎把所有工业行业都包括在内；商业部分包括进出口业在内的37种行业。乙类企业有93种。丙类企业有6种。尽管在1953年国家对税制进行了修正，但是工商业税制度的整体框架并没有改变。

1.1.2 1958年的工商统一税

1958年，为适应社会主义改造基本完成、经济管理体制改革以后形势的要求，推行以简化税制为主要内容的税制改革，将工商业税中的营业税部分并入工商统一税，工商业税中的所得税部分成为一个独立的税种，称为工商所得税。

工商统一税是以工业品生产、农产品采购、货物进口、商业零售、交通运输和服务性业务的流转额为征税对象的一种流转税，是我国1958—1972年工商税收体系中的主体税种。

工商统一税对工业、商业两个环节两次课征。凡在中国境内从事工业品生产、农产品采购、货物进口、商业零售、交通运输和服务性业务的单位和个人，都是工商统一税的纳税人。从事工业品生产的纳税人，在工业品销售后，根据销售收入的金额，依率计税；从事农产品采购的纳税人，在农产品采购后，根据采购所支付的金额，依率计税；从事货物进口的纳税人，在货物进口后，根据进口货物所支付的金额，依率计税；从事商业零售的纳税人，在商品销售后，根据零售收入的金额，依率计税；从事交通运输和服务性业务的纳税人，在取得收入后，根据业务收入的金额，依率计税。工商统一税的税率基本上是按原货物税、商品流通税、印花税的税负换算确定的，只对少数产品的税负从合理负担、有利于生产的角度出发，做了适当调整。

1.1.3　1973 年的工商税

1973 年，根据"合并税种、简化征收"的方针，中央进一步简化了税制。根据 1973 年 3 月国务院批转的财政部《关于扩大改革工商税制试点的报告》和《中华人民共和国工商税条例（草案）》的规定，国内企业征收的工商统一税并入工商税。工商统一税只对外商投资企业征收。

工商税是对从事工商业经营的，取得销售收入和经营业务收入单位和个人征收的一种流转税。它由原来工商企业缴纳的工商统一税及附加、城市房地产税、车船使用牌照税和屠宰税合并而成。工商税税目由过去的 108 个减为 44 个。其中：工业品税目为 30 个，最高税率 66%（甲乙级卷烟），最低税率 3%（棉坯布、农机农具等）；列举的应税农、林、牧、水产品，最高税率 40%（茶叶、烟叶），最低税率 3%（生猪）；商业零售税率 3%；交通运输、服务性业务分别制定税率。

1.2 1979—1993年：试点增值税，改革工商税制

1979年3月，财政部税务总局组织专人在江苏省无锡市就改革工商税制等问题调研后明确提出：工商税重复征税、税负不平的问题由来已久，在工业改组方面表现更加突出，实行增值税可以解决这个问题。

1.2.1 1979年增值税试点

从1979年下半年起，先后在柳州、长沙、襄樊、上海等城市，选择重复征税矛盾最为突出的机器机械和农业机具两个行业进行增值税的试点。1979—1982年，试点增值税有三种计税方法：①加法，把构成增值的诸因素汇集起来作为增值额据以征税，增值额相当于企业内部形成未经分配的国民收入；②实耗扣除法，不是扣除规定扣除项目的外购金额，而是扣除经营或销售产品中规定扣除项目的实际耗用金额；③购进扣除法，以法定扣除项目的购进额或购进额中包含的税额为扣除依据。

1982年，制定《增值税暂行办法》，对机器机械和农业机具两个行业的产品以及电风扇、缝纫机、自行车三种产品在全国范围实行增值税。1982—1983年，增值税的计税方法有两种：①购进扣额法，允许企业把外购商品中属于税法规定扣除范围的金额从其商品销售收入额中扣除，以余额作为法定增值额，据以计征增值税，适用于机器机械及其零配件和农业机具及其零配件两个税目；②税款扣除法，以企业商品销售全额的应纳税金，减去收入商品中属于税法规定扣除范围内的已纳税金，作为企业销售商品应纳增值税税金，适用于缝纫机、自行车和电风扇三个税目。

1.2.2　1984 年工商税制改革

1984 年，我国进一步改革工商税制。此次工商税制改革是按照《关于改革工商税制的设想》，与第二步利改税同时进行的一次工商税制的全面性改革。改革后，增值税、产品税与营业税成为流转税的三大税种①。

1.2.2.1　增值税

1984 年，国务院颁布《中华人民共和国增值税条例（草案）》。增值税正式成为我国税制体系中的一个独立税种。从 1984 年开始，增值税征税范围扩大到 12 个税目，即机器机械及其零配件、汽车、机动船舶、轴承、农业机具及其零配件、钢坯、钢材、自行车、缝纫机、电风扇、印染绸缎和其他印染机织丝织品、西药。增值税税率从 6% 到 16% 不等（表 1－1）。在计税方法上，分甲、乙两类商品分别实行"扣额法"与"扣税法"计税；进口应税产品，一律按照组成计税价格和适用税率直接计算应纳税额；国家鼓励出口的产品，可免征增值税或者退还已经征收的增值税。

表 1－1　1984 年增值税税目税率表

税　　目		税率（%）
甲类	机器机械及其零配件	14
	汽车	14
	机动船舶	10
	轴承	14
	农业机具及其零配件	6

---

① 该阶段流转税还包括盐税。

税　　目		税率（％）
乙类	钢坯	8
	钢材	14
	自行车	16
	缝纫机	12
	电风扇	16
	印染绸缎及其他印染机织丝织品	10
	西药	
	原味药	10
	成剂药	12

增值税正式开征后，针对开征中存在的税率档次多、制度不规范等诸多问题，进行了不断调整与完善。

（1）扩大征税范围。1984—1993 年，增值税征税范围不断扩大。从 1984 年的 12 个税目扩大至 1993 年的 31 个税目。除烟、酒、电力、成品油等 10 类工业品继续征收产品税外，其他工业品都纳入增值税征税范围。与增值税税目调整相适应，增值税税率也在不断变化。1993 年，增值税税率多达 12 档，从 8％到 45％不等。

（2）改进计税办法。1984 年改革之初，增值税实行扣税法和扣额法两种方式解决重复征税问题。1987 年，统一计税方法，规定一律实行扣税法，同时统一扣除项目。从 1989 年开始，又在扣税法的基础上，逐步实行价税分离。1992 年开始试行增值税简易征收。

1.2.2.2　营业税

1984 年 9 月 18 日，国务院颁布《中华人民共和国营业税条例（草案)》。至此，营业税成为一个独立的税种。

1984 年，我国营业税刚刚开始实施，缴纳营业税的行业由商品零售、商品批发、交通运输、建筑安装、金融保险、邮政电讯、出版事业、公用事业、娱乐业、服务业以及临时经营等 11 类组成。营业税的纳税人被定义为：在中华人民共和国境内从事商业、物资供销、交通运输、建筑安装、金融保险、邮政电讯、公用事业、出版业、娱乐业、加工修理业和其他各种服务业的单位和个人。这一范围比起现在来说较为广泛，把属于增值税纳税人的商业、物资供销以及加工修理业等行业也纳入营业税纳税人范围。

从事商品零售的纳税人，在商品销售后，以商品销售收入额为计税依据计算纳税；从事商品批发、调拨的纳税人，在商品销售后，以商品销售额减去销售商品购入原价后的差额为计税依据计算纳税；从事交通运输、建筑安装、金融保险、邮政电讯、公用事业、出版业、娱乐业、加工修理业和其他各种服务业务的纳税人，在取得营业收入后，以营业收入额为计税依据计算纳税。

营业税的税率从 3% 到 15% 不等。适用 3% 税率的行业有：商品零售、建筑安装、邮政电讯、公用事业、出版业、修理修配、交通运输业中的地方铁路和企业专用铁路的运营业务、空运、海运、陆运、河运业务以及装卸搬运业务、部分服务业以及娱乐业。适用 5% 税率的行业有：金融保险业、部分服务业。适用 10% 税率的行业有：商品批发、部分娱乐业、部分服务业。适用 15% 税率的行业有：铁路运输业和管道运输业。

1.2.2.3 产品税

1984 年，国务院颁布《中华人民共和国产品税条例（草案）》。产品税成为一个独立的税种。

1984 年的工商税制改革将原工商税征税对象中部分工业品和农、林、牧、水产品划作产品税的征税对象。产品税课税范围广泛，几乎包括全部工业产品和大部分农、林、牧、水产品，税目多达 270 个。但随着增值税征收范围逐步扩大，产品税税目相应减少。截至 1991 年 4 月，在产品税原 260 个工业品税目中，已有 174 个税目纳入增值税征收范围。只有卷烟、酒等 86 个税目继续征收产品税。

产品税的计税依据主要为销售收入全额。具体规定如下：工业产品以产品销售收入额为计税依据，由生产销售应税产品的单位和个人在销售环节纳税；农、林、牧、水产品以应税产品的收购金额或销售收入为计税依据，在收购或销售环节，由收购者或生产、销售产品的单位和个人纳税；进口产品以税法规定的计税价格为依据，在报关进口环节由经营进口的单位纳税；自制自用产品、委托加工产品、个别用于企业连续生产的中间产品等，分别规定于使用、提货、移送环节，比照同种产品的销售价格计税，无可比照的，按税法规定的组成价格计税。

产品税实行产品差别比例税率（"大型电力"采用定额税率）。税率最低为 3%，最高为 60%。

1.3 1994—2010 年：增值税与营业税并行与完善

1.3.1 分税制财政体制改革

1992 年春，邓小平同志南方谈话后，党中央、国务院做出关于加快改革开放和经济发展的一系列重要决定，国民经济持续、稳定、快速发展，经济体制改革逐步深入，税制改革日益重要。

从国家经济战略布局看，党的十四大明确提出建立社会主义市场经济体制。经济体制的全面转型要求有全新的税收制度与之相适应。这就决定了当时的税制改革必须是全方位的改革。不能只在原有基础上修修补补，必须摒弃计划经济的色彩，体现市场经济的本质特征。此外，抑制通货膨胀，实现宏观经济"软着陆"，提高"两个比重"，增强财政宏观调控能力，也都对税制改革提出了迫切要求。

为建立适应社会主义市场经济体制的财税制度，1994 年我国进行了改革开放后极为重要的一次改革——分税制财政体制改革。在流转税方面，建立以增值税为主体的流转税制度。

1.3.2 增值税

1994 年，建立新的增值税制，不仅符合宏观经济目标与分税制改革目标的要求，即便从增值税制本身看，也应进行相应改革。

增值税从试点到正式开征，取得了良好效果，积累了宝贵的经验，但也暴露出一些问题。首先，当时我国内外资分别实施两套流转税制，外资企业实行的工商统一税存在重复征税问题；其次，内资企业虽然实行了增值税，但是这个阶段的增值税仍属于在产品生产环节单环节课征的税收，是一种以增值税办法排除部分重复征税因素的改进型产品税。它与我们今天所说的增值税有很大区别，并不能完全发挥增值税制的自身优势。

因此，1993 年，我国颁布了《中华人民共和国增值税暂行条例》。新的增值税制从 1994 年开始实行。此次增值税改革的主要内容包括：①扩大增值税的征税范围，全面代替产品税。对商品的生产、批发、零售和进口全面实行增值税，对绝大部分劳务和销售不动产暂不实行增值税。②简化税率。只设置了标准税率（17%）、低税率（13%）和出口零税率三档税率。③实行生产型增值税。出于保障财政收入、抑制投资过热等诸多因素的考虑，1994年选择了生产型增值税。④实行凭票扣税制度。在零售以前各环节销售商品时，须在发票上分别注明不含增值税的价格和增值税税金。为了适应我国消费者的习惯，在商品零售环节实行价内税。⑤按照经营规模标准和财务核算能力，将纳税人分为一般纳税人和小规模纳税人。对小规模纳税人，实行按照销售收入额和规定的征收率计征增值税的简易征收办法。⑥改革增值税征收管理制度。对增值税的纳税人进行专门的税务登记，使用增值税专用发票，建立对购销双方交叉审计的稽查体系和防止偷漏税、减免税的内在机制。

1994年后，我国又采取措施进一步完善增值税制度，主要包括对一般纳税人的适用税率、进项税额扣除范围和扣除率、小规模纳税人的征收率、出口退税率和税收优惠等做了一些必要的调整，强化了征收管理。具体内容包括：①为体现国家产业政策，优化产业结构，促进农业和采掘业的健康发展，将农产品、农用水泵、农用柴油机、金属矿和非金属矿采选产品的增值税税率由17%降为13%；②明确了农业产品的征税范围；③对增值税一般纳税人支付的运输费用和收购的废旧物资准予按10%的扣除率计算进项税额；④考虑商业零售环节税收漏洞较多、税源难以控制的情况，重新确定了商业一般纳税人的认定标准，将商业小规模纳税人的征收率由6%调至4%；⑤将增值税一般纳税人购进农业生产者（含小规模纳税人）销售的农产品进项税额扣除率统一由10%提高到13%；⑥根据运价逐渐提高、运费中物耗比重逐渐下降、运费中所负担的流转税也在下降的实际情况，将增值税运费的抵扣率由10%调减为7%。

1994年的增值税改革是成功的。增值税成为第一大税种，在筹集财政收入方面发挥了不可替代的作用，在促进经济发展方面推动了货物生产流通领域的专业化分工，在促进出口方面为国内企业参与国际竞争创造了有利条件。但受当时一些条件制约，基于经济体制转轨背景建立的增值税制度，尚有一些根本问题未能得到彻底解决。一个问题是，生产型增值税进项税额抵扣不彻底，固定资产没有纳入抵扣范围，对投资仍然重复征税，不利于鼓励企业设备投资和技术进步；另一个问题是，增值税征收范围相对较窄，多数劳务、不动产与无形资产仍实行具有重复征税效应的营业税制。为解决这两个问题，我们分别从 2003 年和 2012 年开始了增值税转型改革与增值税扩围改革（即后来的"营改增"）。

事实上，1994 年选择生产型增值税是适当的。当时我国经济形势过热，通货膨胀严重，实行生产型增值税，可以保证中央财政收入，与当时供给不足、固定资产投资失控、物价上涨过快等现象也是相适应的。但生产型增值税不允许企业抵扣购进固定资产的进项税额，存在重复征税问题，抑制了企业投资，降低了企业技术改进的积极性。随着经济社会环境的发展变化，各界要求增值税由生产型向消费型转变的呼声越来越高。为消除生产型增值税重复征税的弊端，促进企业投资，鼓励企业技术更新，从 2003 年起，我国迈出了增值税转型改革的步伐。

2003 年 10 月，十六届三中全会通过的《中共中央关于完善社会主义市场经济体制若干问题的决定》提出"逐步推行增值税由生产型向消费型转变，在东北地区部分行业先行试点"。2003 年 10 月底，中央出台《实施东北地区等老工业基地振兴战略的若干意见》，再次重申"在东北优先推行从生产型增值税向消费型增值税的改革"。

2004 年下半年，我国增值税的转型改革试点正式开始启动：东北地区的八个行业（装备制造、石油化工、冶金、汽车制造、船舶、高新科技产业、农产品加工业与军品工业）率先进行增值税转型改革试点；2007 年 5

月，增值税转型改革试点范围扩大至中部地区，包含山西、河南、安徽、江西、湖南、湖北中部六省的 26 个老工业基地城市。

中部与东北执行政策的不同在于：东北实行的试点改革政策涵盖了东北三省全部，中部则规定了具体的地区，即只在 26 个老工业基地城市地域范围内实行；以中部优势产业电力和采掘业代替了东北地区的船舶与军工业。

2008 年 7 月，内蒙古东部五盟市成为第三批转型试点城市。第四批增值税转型改革试点范围的地区，主要涉及四川、甘肃和陕西三省被确定为极重灾区和重灾区的 51 个县（市、区）。

多地长时间试点的做法降低了改革难度，但也不可避免地产生了一些问题：①东北等地采用"增量抵扣"的办法（即规定纳税人当年准予抵扣的进项税额，不得超过当年新增增值税税额），造成实际抵退税额与各部门预期差距较大，实际抵退户数、税额均显不足，增值税退税过程流程烦琐，增加了纳税遵从成本和征管成本；②试点转型政策表现为地区税收优惠政策，形成"投资洼地"，干扰市场资金流动；③各地对固定资产的界定标准不统一，可操作性差，造成偷漏税现象。

为解决增值税转型试点所暴露的上述问题，也为应对 2008 年国际金融危机，保持我国经济平稳较快增长，2008 年 11 月，国务院第 34 次常务会议决定自 2009 年 1 月 1 日起在全国范围内实施增值税转型改革。2008 年 12 月，财政部、国家税务总局联合下发《关于全国实施增值税转型改革若干问题的通知》，规定：①自 2009 年 1 月 1 日起，全国所有增值税一般纳税人新购进设备所含的进项税额可以计算抵扣；②购进的应征消费税的小汽车、摩托车和游艇不得抵扣进项税；③取消进口设备增值税免税政策和外商投资企业采购国产设备增值税退税政策；④小规模纳税人征收率降为 3%；⑤将矿产品增值税税率从 13% 恢复到 17%。

据统计，2009—2011 年因实施增值税转型改革，累计减少税收收入 5 000 多亿元，减轻了企业负担，成为我国历史上单项税制改革中减税力度最大的一次改革①。

1.3.3　营业税

在 1994 年分税制财政体制改革中，营业税也得到完善。1993 年 12 月，国务院颁布《中华人民共和国营业税暂行条例》。同年 12 月 29 日，全国人民代表大会常务委员会公布了《关于外商投资企业和外国企业适用增值税、消费税、营业税等税收暂行条例的决定》。这两个法规的颁布是 1994 年营业税改革的标志性事件。

与《中华人民共和国营业税条例（草案）》相比，《中华人民共和国营业税暂行条例》主要变化体现在：商品零售、商品批发、出版事业、部分公共事业以及部分服务业等改征增值税，不再属于营业税征收范围；在计税依据上，《中华人民共和国营业税暂行条例》列出了部分可以扣减成本费用的行为；取消 10% 与 15% 两档税率；在征管方面，营业税的纳税时间、纳税地点以及纳税期限等内容也有了一定调整。

2008 年，为配合增值税转型改革，国务院修订了《中华人民共和国增值税暂行条例》和《中华人民共和国营业税暂行条例》。对于原营业税暂行条例和新营业税暂行条例冲突的营业税政策，财政部与国家税务总局进行了梳理，分别下发了《财政部、国家税务总局关于公布若干废止和失效的营业税规范性文件的通知》和《国家税务总局关于公布废止的营业税规范性文件目录的通知》。

---

① 肖捷. 继续推进增值税制度改革［N］. 经济日报，2012－04－01.

与修订前的营业税制度相比，修订以后的营业税制度的变化主要有：分公司或分支机构成为营业税纳税人；调整了营业税征税范围，单位或者个人将土地使用权无偿赠送给其他单位或者个人纳入营业税征税范围；全面规范了营业额的规定，明确了价外费用的征税范围和建筑业营业税的计税依据；调整了境内外应税行为的判定原则；细化了兼营与部分混合销售行为的划分原则；进一步明确了纳税义务发生时间的相关规定；将纳税地点的表述调整为机构所在地；延长了纳税申报期限，纳税申报期限由月后（或季后）10 日内延长至月后（或季后）15 日内。

此外，1994 年的《工商税制改革实施方案》规定，新的流转税制统一适用于内资企业、外商投资企业和外国企业，同时取消对外资企业征收的工商统一税。这意味着，工商统一税从 1994 年起正式退出历史舞台。

2 "十二五"时期税制改革的重头戏:"营改增"

在"十二五"时期税制改革清单中,"营改增"无疑是最耀眼的明星。"营改增"前,各界普遍认为,增值税与营业税并行的税制安排,不利于服务业发展。为实现大力发展服务业、加快产业结构调整的战略目标,应尽快进行"营改增"。当然,各界对于"营改增"将要面临的体制难题也是十分清楚的。为优化税制,消除营业税重复征税的弊端,2012年起,中央决定在上海率先试点"营改增"。此后,"营改增"试点范围逐步扩大,如今已在全国推广。

2.1 "营改增"前:增值税扩围十分必要,但会遭遇体制障碍

2.1.1 普遍赞同增值税扩围有利于税制结构优化与产业结构调整

1994年分税制改革时,我国选择在流转环节实行增值税和营业税并行的征税模式,即对除建筑业外的第二产业征收增值税,对大部分第三产业征收营业税。一般认为,这一模式与当时经济发展需求是相适应的。但随着市场经济的发展和完善,增值税和营业税并行征收的做法日益显现出其

内在的不合理性和缺陷，造成了经济运行的一系列扭曲，不利于经济结构的转型。杨默如（2010）归纳了一些赞同增值税扩围的代表性观点①，具体如下：

刘汉屏、陈国富（2001）指出，在增值税征收范围的选择以及和其他流转税的配合上，世界各国有一个共同的特点，即增值税征收范围与其他流转税种重叠，而不是并行，不存在划分范围的问题。尽可能地扩大征收范围是理想的增值税的特点之一。宽广的税基一方面可以体现收入原则，另一方面可以体现公平原则。

霍军（2002）认为，增值税课税范围偏窄，从横向上影响了增值税征扣税机制的完整性，并加大了税收管理成本。1994 年的增值税改革，虽然扩大了增值税的征扣税范围，从第二产业的部分生产环节扩展到全部生产环节，进而向前延伸到第三产业的商业批发、零售环节，但却止步于服务业，有限选择性课税涉及的劳务仅包括加工、修理、修配等少量服务业。这既不符合增值税征扣税范围完整性的内在要求，也违背了税收公平待遇原则，扭曲了生产者和消费者的选择，还容易增加税收管理的漏洞。

邓文勇、蒙强（2006）指出，营业税与增值税二者课税对象的经济关系，并不会因为征税而割裂，如建筑业、交通运输业、金融保险业、转让无形资产、销售不动产，以及服务中的代理、仓储、租赁等与生产经营有密切关系，这种密切关系引发了重复征税，增加了征纳税的成本，也带来了征税的不经济等问题。

郝如玉、曹静韬（2008）认为，中国现行的增值税将营业税劳务和农业销售排除在征收范围之外，而理论与实务都对这样的范围提出调整要

---

① 杨默如. 中国增值税扩大征收范围改革研究：基于营业税若干税目改征增值税的测算[M]. 北京：中国税务出版社，2010：18－24.

求。中国当前应当将交通运输、建筑安装这两种与商品销售关系最为密切的劳务先纳入增值税课征范围，长期的趋势是最终涵盖所有的商品和劳务的销售。

苏筱华（2008）指出，增值税与营业税存在着交叉征税或重复征税的问题，不利于简化税制、公平税负，而增值税征收范围尚未覆盖第三产业中大部分劳务的项目，使得增值税链条在这些行业中断。这种情况不利于第三产业发展，同时也不利于第二、第三产业税负的平衡。

安体富（2009）认为，增值税税率虽为17%和13%，但由于允许抵扣进项税额，所以增值税的实际税负率大致为4%，而营业税税率如果是5%或5%以上，则税负比增值税还要高。他认为，这样的税制不利于促进服务业的发展，而中国眼下正在努力促进第三产业的繁荣发展。他认为如果不能一次替代，可以分步实施，先对交通运输、建筑安装等行业改征增值税①。

杨志勇（2009）认为，理想的增值税征收范围，应该包括所有创造和实现增值额的领域。从横向上看，增值税制应覆盖农林牧业、采矿业、制造业、建筑业、能源交通运输业、商业和劳务等各行各业；从纵向上看，增值税制应涵盖原材料、制造、批发和零售等全部环节。只有这样，才能保证税负公平，并且易于核查。

在北大—林肯研究中心2009年1月10日举办的中国财政政策与经济增长研讨会上，众多专家认为：一方面，国家不允许服务业抵扣固定资产增值税进项税额，让服务业成为增值税的实际承担者，影响了服务业的发展；另一方面，随着现代服务业的发展，固定资产占企业生产成本中的比

---

① 国家税务总局. 增值税改革第二步：消除重复征税［EB/OL］. http：//www. chinatax. gov. cn/n8136506/n8136593/n8137681/n8532970/n8533025/8773764. html，2009－01－13.

重不断提高,这部分税收不能抵扣,也加重了制造业、商业的税收负担。这就构成了"两头"重复课税。在目前国内外经济出现衰退的情况下,改革营业税制度、降低营业税税负,不仅可以保增长、扩内需,而且可以促进中国经济转型和经济发展方式的转变。

当然,也有极少数学者对增值税扩围持保留态度。

例如,在2000年财政部税政司召开的商品和劳务税国际研讨会上,针对外籍专家提出的"所有行业与领域存在互动性,如果在某些行业进行试点,势必会导致行业间的不公平及增值税链条的混乱",一些中方专家指出,增值税征收范围的大小,不是随意决定的,而是受经济发展水平、经济体制状况、政府的政策目标、社会因素等多种客观因素影响。从中国的实践来看,一条重要的经验即,要充分考虑征管能力的大小,而不能盲目扩大。

再如,杨斌(2001)从中西方文化传统的差异出发,认为中国的现有国情决定了增值税制度不可"全盘西化",应当保留流转税制现有的增值税与营业税并行的状态。杨斌提出,我国应当建立起"中国式增值税",即收入型增值税、账簿法为主的进项税额抵扣制度以及全面型和单一税率制。西方模式的增值税(即以英国、法国为代表的西欧国家实行的增值税)具有全面型、消费型、单一税率制和发票法等四大特征,这在我国现有国情下,有其不适应之处。童锦治(2001)提到,即使仅把增值税征收范围扩大到交通运输业和建筑业,也必须首先解决好财政体制、增值税类型与税收征管能力这三个基本问题。在财政体制未做调整,增值税类型未做转换,税收征管水平未得到提高的情况下(2001年),增值税的征收范围是不宜扩大的。

总体而言,各界还是普遍认为,增值税转型改革基本完成之后,扩大增值税征收扩围是必要的。核心理由是：营业税重复征税问题抑制了服务业发展，增值税扩围后，可提高工业对服务业的购买需求，降低第二产业税负水平，促进服务业发展，特别是促进生产性服务业的发展。当然，服务业改征增值税也可能提高部分服务业的投资水平。

2.1.2　普遍赞同增值税扩围将面临体制障碍

增值税扩围试点开始之前，学界普遍认为，除技术难题外（税率的确定，特殊行业的增值税计税问题等），增值税扩围改革将面临更大的体制障碍。高培勇（2011）概括了增值税扩围后将面临的三个障碍①。

营业税是地方政府的主体税种，而且几乎是唯一的主体税种。正如现实生活中任何人都要拥有自己的自主财源一样，即便在中国这样的单一制特征异常突出的国度，让地方政府拥有一定且相对独立的税源，也是其履行职能不可或缺的重要条件。故而，将营业税并入增值税的前提条件之一，就是为地方政府寻找并设计好新的主体税种。在现行税制的框架内，这样的税种，或并不存在，或难有变更归属关系之可能。几乎唯一的可行方案，就是按照既有的税制改革方案，开征以物业税（房地产税）为代表的财产税并以此作为地方政府的主体税种。问题是，开征物业税（房地产税）或其他财产税，在眼下还处于"雾里看花"阶段，而并非中国的现实。我们毕竟不能把未来可能拥有的东西当作现实的税源分配给地方政府。此其障碍之一。

在 2009 年的全国税收收入总额中，包括国内增值税和进口环节增值税在内，来自增值税的收入份额为 43.57%。在此基础上，若将收入份额

---

① 高培勇．增值税扩围的意义与障碍［EB/OL］．http：//www. aisixiang. com/data/43875. html，2011 - 09 - 05.

为 13% 的营业税并入增值税，并且其他税种不做相应调整，那么，扩围后的增值税份额，便会一下子跃升至 56.57%。增值税的块头过大，肯定会对税收收入或财政收入的安全性构成挑战。因此，实施增值税扩围，必须辅之以其他方面的配套动作，如相应调减增值税税率、调增其他税种税负以及开征新的税种等等。这又涉及现行税制体系框架以及既有税制改革方案的一系列变动。它们的变动，对于现行税制体系框架和既有税制改革方案而言，无疑具有颠覆性的影响。此其障碍之二。

现行的财政体制以"分税制"冠名。所谓分税制，其实主要分为两种（类）共享税。其中：增值税 75∶25 分成，75% 归中央，25% 归地方；所得税 60∶40 分成，60% 归中央，40% 归地方。分成比例之所以是这样的，一个十分重要的基础条件，便是营业税作为地方税，除了少许的例外，其收入完全划归地方。当营业税并入增值税之后，原来的地方税便成了共享税。随着营业税归属关系的变动，上述分成比例的基础条件便不复存在了。只要基础不在，分成比例自然要重新谈判，随之调整。只要分成比例发生变化，便意味着实施了多年的现行分税制财政体制要推倒重来、重新构建。这在当前的中国，绝对是一件大事。它不仅需要相当的魄力，而且，要在反复推敲和周密调研的基础上才能推进。此其障碍之三。

后来的事实证明，上述三个障碍是"十二五"末仍在着力解决的问题。

2.2 "营改增"进行时：从分地区分行业试点到全国推广

2012 年 1 月 1 日，上海率先开展"营改增"试点工作。2012 年 9 月——

12 月，"营改增"地区试点扩大至北京、天津、江苏、浙江、安徽、福建、湖北、广东等八个省、直辖市和宁波、厦门、深圳三个计划单列市。2013 年 8 月 1 日，将"营改增"的地区试点推至全国。2014 年，试点范围进一步扩大至铁路运输业、邮政业和电信业。2016 年，试点范围覆盖最后四个行业——建筑业、房地产业、金融业和生活服务业，营业税退出历史舞台。关于"营改增"的过程与相关政策，已有许多材料进行了相当全面的介绍。因此，此部分仅对"营改增"的主要做法与改革方案进行一个简单回顾①。

2.2.1 上海试点

考虑到上海服务业具有典型性与先进性等特征，财政承受能力较强，2011 年 10 月 26 日，国务院常务会议决定从 2012 年 1 月 1 日起，先在上海市交通运输业和部分现代服务业开展深化增值税制度改革（"营改增"）试点，逐步将目前征收营业税的行业改为征收增值税的行业。

2011 年 11 月 17 日，财政部、国家税务总局正式发布了《营业税改征增值税试点方案》《交通运输业和部分现代服务业营业税改征增值税试点实施办法》《交通运输业和部分现代服务业营业税改征增值税试点有关事项的规定》《交通运输业和部分现代服务业营业税改征增值税试点过渡政策的规定》等相关政策。

第一，试点行业包括交通运输业和部分现代服务业，其中，交通运输业包括陆路、水路、航空和管道等四大类运输服务，部分现代服务业的六个行业包括研发和技术服务、信息技术服务、文化创意服务、物流辅助服

---

① 财政部财政科学研究所. 营改增：牵一发而动全身的改革 ［M］. 北京：中国财政经济出版社，2013：85 - 99.

务、有形动产租赁服务和鉴证咨询服务。建筑业、邮电通信业、销售不动产等行业，以及餐饮、娱乐等服务企业暂不在改革试点的范围之内。

第二，在增值税17%和13%两档税率的基础上，新增11%和6%两档低税率。交通运输业适用11%的税率。部分现代服务业中的研发和技术服务、信息技术服务、文化创意服务、物流辅助服务、鉴证咨询服务适用6%的税率，部分现代服务业中的有形动产租赁服务适用17%的税率。小规模纳税人提供应税服务，增值税征收率为3%。

由于试点的区域、行业不同，以及增值税和营业税的制度存在差异，财政部、国家税务总局做了一些过渡政策安排。

第一，税收收入归属。试点期间保持现行财政体制基本稳定，原归属试点地区的营业税收入，改征增值税后收入仍归属试点地区，税款分别入库。因试点产生的财政减收，按现行财政体制由中央和地方分别负担。

第二，区域之间的税制衔接与协调。纳税地点和适用税种，以纳税人机构所在地作为基本判定标准。试点纳税人以机构所在地作为增值税纳税地点，其在异地缴纳的营业税，允许在计算缴纳增值税时抵减。非试点纳税人在试点地区从事经营活动的，继续按照现行营业税有关规定申报缴纳营业税。

第三，对试点纳税人混业经营的规定。试点纳税人兼有不同税率或者征收率销售货物、提供加工修理修配劳务或者应税服务的，应当分别核算适用不同税率或征收率的销售额。对于未分别核算销售额的，根据兼有不同税率、征收率情况做出了具体规定。

第四，纳税人之间税制的衔接与协调。对试点纳税人与非试点纳税人从事同类经营活动，在分别适用增值税和营业税的同时，就运输费用抵扣、差额征税等事项，分不同情形做出了规定。

第五，税收优惠政策的衔接与协调。为保持现行营业税优惠政策的连续性，现行部分营业税免税政策在改征增值税后继续保留；将部分营业税减免税优惠政策，调整为即征即退政策；对税负增加较多的部分行业，给予适当的税收优惠。

此外，上海试点政策还包括：

第一，服务贸易进出口。对于服务贸易出口，实行零税率或免税制度。对于服务贸易进口，境外服务提供方在上海提供的服务不再征收营业税，而是改征增值税。如果服务提供方在中国没有经营机构，其位于上海的代理人或者服务接受方将扣缴增值税。

第二，一般纳税人和小规模纳税人资格的认定。提供应税服务的年销售额未超过 500 万元人民币的单位和个人，为增值税小规模纳税人，超过的则为增值税一般纳税人。但原公路、内河货物运输业自开票纳税人，年销售额未超过 500 万元人民币的，也应当申请认定为增值税一般纳税人。小规模纳税人会计核算健全，能够提供准确税务资料的，也可以向主管税务机关申请一般纳税人资格认定，成为增值税一般纳税人。增值税小规模纳税人适用简易计税方法，按照不含税销售额乘以 3% 的征收率计算缴纳增值税。

2.2.2　扩大试点与全国推广

2012 年 7 月 25 日，国务院常务会议决定扩大"营改增"试点的范围，并制定了试点扩大的时间表，即自 2012 年 8 月 1 日起至该年年底，将交通运输业和部分现代服务业纳入"营改增"试点范围，由上海市分批扩大至北京、天津、江苏、浙江、安徽、福建、湖北、广东八个省、直辖市和宁波、厦门、深圳三个计划单列市。

2013 年继续扩大试点地区,并选择部分行业在全国范围试点。2013 年 4 月 10 日,国务院常务会议决定扩大地区试点,自 2013 年 8 月 1 日起,将交通运输业和部分现代服务业"营改增"试点在全国范围内推开。适当扩大部分现代服务业范围,将广播影视作品的制作、播映、发行等纳入试点。同时,还决定扩大行业试点,择机将铁路运输和邮电通信等行业纳入"营改增"试点,力争"十二五"期间全面完成"营改增"改革。

根据区域差异以及试点政策推行过程中出现的一些问题,财政部、国家税务总局等有关部门就试点政策做了适当的调整。

2.2.2.1 北京等 8 省市试点政策的调整

2012 年 7 月 31 日,财政部、国家税务总局下发了《关于在北京等 8 省市开展交通运输业和部分现代服务业营业税改征增值税试点的通知》(财税〔2012〕71 号),并相应出台了一些政策。与上海试点相比,扩大试点地区政策的调整主要表现在以下几个方面:

(1) 进一步明确了税收收入归属的划分。《关于营业税改征增值税试点有关预算管理问题的通知》,进一步明确关于改征增值税的收入划分。强调试点期间收入归属保持不变,原归属试点地区的营业税收入,改征增值税后仍全部归属试点地区。关于改征增值税的收入划分明确,改征增值税税款滞纳金、罚款收入也全部归属试点地区。改征增值税收入不计入中央对试点地区增值税和消费税税收返还基数。因营业税改征增值税试点发生的财政收入变化,由中央和试点地区按照现行财政体制相关规定分享或分担。

(2) 试点行业范围的调整。在上海市方案中,工程监理业务不纳入试点范围的服务项目,而在北京市的方案中,纳税人提供工程监理服务属于营业税改征增值税范围。在上海市方案中,代理记账、电子申报、共享开票业务不属于《应税服务范围注释》的规定范围，不纳入本次营业税改征增值税试点范围，而在北京市的方案中，纳税人提供代理记账服务属于"营改增"范围。

（3）原公路、内河货物运输业一般纳税人的认定。财税〔2012〕71号文件废止了"试点地区应税服务年销售额超过 500 万元的原公路、内河货物运输业自开票纳税人，应当申请认定为一般纳税人"的规定。北京市规定，不区分是否为运输业自开票纳税人，以 2011 年全年、2012 年 1 月至"营改增"前一个月的营业收入超过 500 万元以上（含）的纳税人为达标的一般纳税人。

（4）原留抵税额的税收抵扣问题。在上海市方案中，原增值税一般纳税人兼有应税服务的，截至 2011 年 12 月 31 日的增值税期末留抵税额，不得从应税服务的销项税额中抵扣，而在扩大试点的方案中，财税〔2012〕71 号文件规定所有纳入试点地区原增值税一般纳税人兼有应税服务的，截至该地区试点实施之日前的增值税期末留抵税额，不得从应税服务的销项税额中抵扣。此外，规定按照一般货物及劳务销项税额比例来计算可抵扣税额及应纳税额，并规定了增值税期末留抵税额的会计处理。

（5）对航空运输业规定的变化。上海市方案中专门发布了针对中国东方航空股份有限公司（简称"东航"）的汇总纳税的优惠政策，但在上海注册的其他航空公司则不能享受这种优惠。财税〔2012〕71 号文件规定："第七条第（一）项规定的注册在试点地区的单位从事航空运输业务缴纳增值税和营业税的有关问题另行通知。"这意味着将对试点地区注册的大小航空公司出台一视同仁的政策。

2.2.2.2 相关政策的调整与完善

针对试点中出现的问题，财政部和国家税务总局对相关试点政策进行了调整。具体表现在以下方面：

（1）出台了相关减税政策。为解决试点中出现的部分行业、部门税负加重的情况，2012 年 7 月 17 日，财政部和国家税务总局就"营改增"试点，补充出台了四条减税政策①，对部分之前规定不明确的、部分在实际运作中出现税负加重的情况做出相应规定。

（2）进一步明确了应税服务范围等有关事项。2012 年 12 月，财政部、国家税务总局联合发文，就"营改增"试点中应税服务范围等若干税收政策做了更加明确的规定。例如，对建筑图纸审核服务、环境评估服务、医疗事故鉴定服务、代理记账服务、文印晒图服务、组织安排会议或展览的服务等征收增值税问题做出规定；"营改增"试点地区的试点纳税人提供的往返台湾、香港、澳门的交通运输服务以及在台湾、香港、澳门提供的交通运输服务，适用增值税零税率；长途客运、班车（指按固定路线、固定时间运营并在固定停靠站停靠的运送旅客的陆路运输服务）、地铁、城市轻轨服务属于《交通运输业和部分现代服务业营业税改征增值税试点有关事项的规定》第一条第（五）项第 2 款规定的公共交通运输服务，试点纳税人中的一般纳税人提供上述服务，可以选择按照简易计税方法计算缴纳增值税；等等。

（3）明确总分机构增值税缴纳问题。2012 年 12 月 31 日，财政部、国家税务总局联合发文，就"营改增"总分机构增值税缴纳问题进行明确，

---

① 四条减税政策如下：①针对未与我国政府达成双边运输免税安排的国家和地区，向我国境内提供国际运输服务的试点企业，此项服务按 3% 的征收率缴纳增值税。②试点动漫企业的一般纳税人，可以选择简易计税方法，即适用 3% 的征收率；一经选择，在 2012 年 12 月 31 日之前，不得变更计税方法。③"船舶代理服务"统一按"港口码头服务"缴纳增值税，适用 6% 的税率。④针对试点的经营租赁服务企业的一般纳税人，若在试点前购有或自制有供租赁的有形动产，这些企业可选择简易计税方法，即按 3% 的征收率缴纳增值税。

其主要规定如下：分支机构发生《应税服务范围注释》所列业务当期已缴纳的增值税和营业税税款，允许在总机构当期增值税应纳税额中抵减，抵减不完的可以结转下期继续抵减；非试点地区分支机构发生该注释所列业务，按照现行规定申报缴纳营业税。

2.2.2.3 2013 年 8 月全国试点政策的变化与调整

2013 年 8 月 1 日，将交通运输业和部分现代服务业"营改增"试点在全国范围内推开。财政部和国家税务总局联合下发《关于在全国开展交通运输业和部分现代服务业营业税改征增值税试点税收政策的通知》，对相关政策予以明确。与之前试点政策相比，全国试点政策主要发生了以下变化：

（1）将"广播影视服务"纳入应税范围。在"部分现代服务业"中增加"广播影视服务"子目，将在全国开展的"营改增"试点的应税范围由"1 + 6"扩大成"1 + 7"。新增的"广播影视服务"适用增值税税率为 6%，其应税服务范围包括广播影视节目（作品）的制作服务、发行服务和播映（含放映）服务。另外，对于境内的单位和个人在境外提供的广播影视节目（作品）的发行、播映服务将免征增值税。

（2）调整部分增值税进项税额抵扣政策。将应征消费税的摩托车、汽车和游艇纳入增值税抵扣范围，完善了增值税链条。自 2013 年 8 月 1 日起，全国范围内所有增值税一般纳税人购入自用的应征消费税的摩托车、汽车、游艇的进项税额均可抵扣，但专用于简易计税方法计税项目、非增值税应税项目、免征增值税项目、集体福利或者个人消费的除外。

（3）调整差额征税政策。与前期试点政策相比，全国试点政策取消了纳税人提供交通运输服务、仓储服务、广告代理服务和国际货物运输代理服务的差额征税规定，只保留了有形动产融资租赁服务差额征税政策。

（4）调整增值税抵扣政策。取消了试点纳税人和原增值税纳税人按交通运输费用结算单据上注明的运输费用金额和7%的扣除率计算进项税额等两项运输费用进项税的抵扣政策，纳税人除了取得铁路运输费用结算单据外，将统一按照增值税专用发票的票面税额抵扣进项税额。

（5）其他相关政策的调整。全国试点政策还就其他一些政策做了调整。例如：纳税人向境外提供应税服务，符合条件的可以享受免税或零税率的优惠政策；纳税人提供应税服务同时适用免税和零税率规定的，优先适用零税率；取消了允许未与我国达成双边运输免税安排国家和地区的单位和个人暂按3%征收率代扣代缴增值税的规定；等等。

2.2.2.4 2014—2016年全国试点政策的变化与调整

2014—2016年，"营改增"试点范围继续扩大，增值税抵扣链条日趋完整。在此期间，全国试点政策主要变化如下：

（1）2014年，"营改增"试点范围进一步扩大至铁路运输业、邮政业和电信业。2013年12月12日，财政部、国家税务总局发布《关于将铁路运输和邮政业纳入营业税改征增值税试点的通知》，决定自2014年1月1日起，在全国范围内开展铁路运输和邮政业"营改增"试点。2014年1月20日，国家税务总局发布《邮政企业增值税征收管理暂行办法》和《铁路运输企业增值税征收管理暂行办法》，对铁路运输和邮政企业"营改增"后总分机构缴纳增值税问题做出明确。2014年4月29日，财政部、国家税务总局发布《关于将电信业纳入营业税改征增值税试点的通知》，决定自2014年6月1日起，在全国范围内开展电信业"营改增"试点。2014年5月14日，国家税务总局发布《电信企业增值税征收管理暂行办法》，对电信业"营改增"后总分机构缴纳增值税问题做出明确。

（2）2016 年，"营改增"试点范围扩大到建筑业、房地产业、金融业和生活服务业，营业税退出历史舞台。2016 年 3 月 24 日，财政部、国家税务总局发布《关于全面推开营业税改征增值税试点的通知》，决定自 2016 年 5 月 1 日起在全国范围内全面推开"营改增"试点，同时以附件形式发布《营业税改征增值税试点实施办法》《营业税改征增值税试点有关事项的规定》《营业税改征增值税试点过渡政策的规定》《跨境应税行为适用增值税零税率和免税政策的规定》，相应地，《财政部国家税务总局关于将铁路运输和邮政业纳入营业税改征增值税试点的通知》等文件废止。"营改增"实现了增值税对货物和服务的全覆盖，打通了增值税抵扣链条；将不动产纳入抵扣范围，比较完整地实现了规范的消费型增值税制度；新增试点行业的原增值税优惠政策原则上予以延续，采取多种手段确保"营改增"后各行业税负只减不增。当然，为解决"营改增"落实过程中遇到的新问题，相关政策仍在不断调整与完善之中。

3 增值税：我们应该知道些什么

研究增值税改革，需要对增值税的基本特点有一个相对全面、准确的认识。当然，这方面内容很多。为避免赘述，本章将重点强调一些容易被忽略的观点。首先，区分了与增值税相关的几个概念——流转税、销售税与消费税。其次，阐述了一般流转税的改革逻辑。一般流转税的改革逻辑表明：增值税并不是消除营业税重复征税的唯一手段；从逻辑上看，也不是首选方案。增值税之所以被越来越多的国家采用，主要是因为，与其他税种相比，增值税有一些综合优势。这些优势将在增值税的基础知识部分进行介绍。除此之外，在增值税的基础知识部分，笔者还梳理了一些容易被忽略的研究结论。这些研究涉及增值税的起源、增值税的属性、增值税的中性特征以及增值税归宿等问题。最后，梳理了有关增值税与其他流转税比较的研究。这些研究表明，即便在效率上，增值税也不一定优于多环节流转税。厘清上述问题，对我国增值税改革具有重要意义。

3.1 流转税、销售税与消费税的区别

讨论之前，先区分几个与增值税相关的概念：流转税（turnover tax）、销售税（sales tax）与消费税（consumption tax）。商品可分为三类：资本

品、中间产品与最终消费品。无论是流转税还是销售税，都可以对其中任何一类或几类商品同时课征。流转税与销售税在税基上并没有特别差异，而消费税的课税范围只包括最终消费品。

消费税又可根据征税范围与纳税主体的不同，划分为不同类别。

根据征税范围的不同，消费税可分为一般消费税（general consumption tax）与特殊消费税（excise tax）①。前者强调的是对所有的最终消费品课税，包括商品与服务，以筹集收入为主要目的；后者仅选择部分最终消费品课税，以有害品、资源性产品和奢侈品为主，多出于调节目的。我国税制中的增值税、营业税属于一般消费税；我国税制中的消费税则属于特殊消费税。

根据纳税主体不同，消费税又可分为三类：一是间接一般消费税，即以消费品的交易次数或数量为计税依据，由消费品的销售者或提供者作为纳税人缴纳的税收。二是直接一般消费税，其以消费者或使用者为纳税主体。直接消费税的税基通常为个人可支配收入。三是混合型一般消费税，对企业与作为生产者的个人同时征收。此时，企业的税基是销售额减去外购支出（不含税）与工资支出。个人（作为生产者）的税基为其工资所得。两部分税基之和，刚好等于最终消费。直接一般消费税与混合型一般消费税都可依靠现金流的方式计算税基。实际上，从经济循环的角度看，不同模式的一般消费税之间并非完全割裂。不同模式的一般消费税与其他税种之间的税基等价关系如图 3 - 1 和表 3 - 1 所示。

尽管理论上一般消费税有三种分类，但在现实中，对企业课征的间接一般消费税是主要形式。后两种消费税在美国引起过广泛讨论，其相关税改计划也多次被提交国会，但始终未被采纳。

――――――――――

① 特殊消费税也被称为选择性消费税。

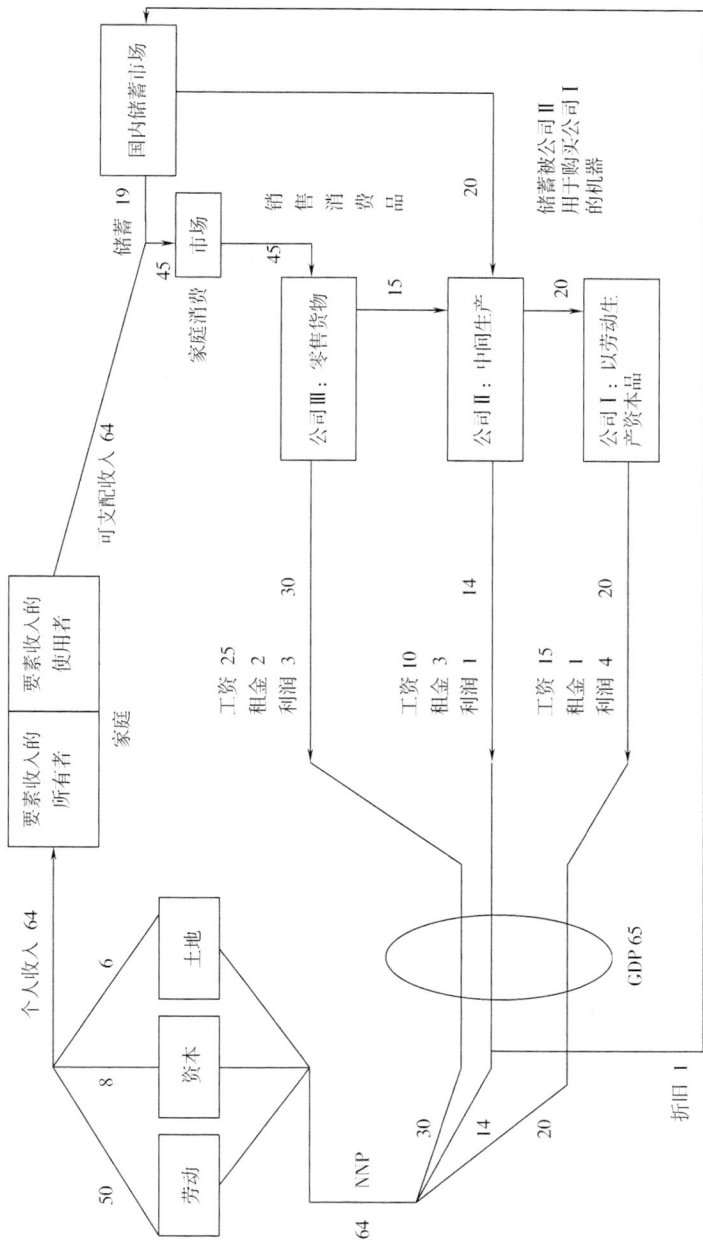

图 3-1 国民经济循环中的所得与消费税基

表3-1 消费税与不同税收之间的比较

	家庭的税基					产品销售价格		企业的税基		企业的增加值	
	所得（公司对家庭的要素支出）				支出	零售税	对消费品与资本品的销售税	消费型增值税	收入型增值税	生产型增值税	营业税
	总计	工资	利润	租金							
企业Ⅰ	—	15	4	1	—	—	20	20	20	20	20
企业Ⅱ	—	10	1(2-1)	3	—	—	—	-5	14	15	15
企业Ⅲ	—	25	3	2	—	45	45	30	30	30	45
家庭收入	64	50工资	8利润	6地租	—	—	—	—	—	—	—
家庭支出	—	—	—	—	45	—	—	—	—	—	—
总计	64	50	8	6	45	45	65	45	64	65	80

注：假设忽略政府与国外部分。折旧全部用于储蓄。企业所有收入都用于支付要素报酬，没有经济利润。

资料来源：Schenk A, Oldman O. Value Added Tax: A Comparative Approach [M]. Cambridge: Cambridge University Press, 2006: 12-13.

另，后面若如无特别说明，将根据通常习惯使用一般流转税与一般消费税，不再特别强调二者之间的区别。

图 3－1 中，箭头方向显示的是支出的货币流动方向。个人（家庭）同时以两种身份参与经济活动，作为生产者与生产要素的所有者获取收入，作为消费者支配其收入，收入被用于消费或储蓄。家庭在消费品市场上从企业Ⅲ处购买消费品。收入扣除消费的剩余部分储蓄起来。个人储蓄通过资本市场被引导为投资，企业Ⅱ借出所有储蓄，用于购买企业Ⅰ生产的资本品。完成储蓄到投资的转变，即储蓄转换为资本品市场上的支出，最终成为生产资本品的企业（企业Ⅰ）的收入。企业Ⅰ仅用劳动生产资本品。企业Ⅱ资本折旧成为商业储蓄。个人根据劳动、资本与土地取得相应收入。至此，完成了两部门经济的循环过程。

3.2　一般流转税的改革逻辑

在税收发展史上，一般流转税晚于特殊流转税。

第一次世界大战（以下简称"一战"）前，政府无法全面掌握市场交易价格，因此，无法开征一般流转税。这是因为，如果不以价格为基础，课征一般流转税就需要根据不同产品的计量单位设置税目。对所有商品采取正列举的方式课税，在实践操作上并不可行。因此，各国不得不只对个别产品课征特殊流转税。

为满足筹集收入的需要，特别消费税必须选择需求价格弹性低的产品。这是因为，如果对需求价格弹性高的产品课税，在只对个别产品课税征税的条件下，消费者会选择消费那些不征税的产品。一旦消费者做出这样的选择，政府将无法从特殊消费税中获得所需收入。

生活必需品是需求价格弹性较低的产品，是世界各国在开征特殊流转税时的首选对象。例如，我们熟悉的盐税、屠宰税等就属于这种情况。但对生活必需品课税有较为严重的弊端。如果生活必需品的税负过重，容易引起公众对政府的反感。为了维持公众对社会体系的忠诚，就要对除生活必需品之外的其他产品课税。

烟、酒、含糖饮料等嗜好品的消费弹性也较低。公众在此类产品上表现出来的消费偏好通常较为稳定。因此，对此类产品课税一般不会严重扭曲公众的消费行为，可以保证政府筹集到相应的税收收入。更重要的是，与生活必需品不同，对此类产品课税一般会得到社会公众认可，至少不会引发社会公众强烈反对。嗜好品往往会对身体健康有不良影响，因此，提高公众健康水平，是对此类产品课税的一个好理由。直至今日，烟、酒这样的消费品，仍是各国消费税税目中的常规选项。

随着工业革命的进展，汽车成为人们日常生活的必需品。汽车使用量增加，对成品油的需求随之增加。在此条件下，以保护资源为目标，各国普遍对成品油课征消费税。

需要强调的是，对以上三类产品课税虽也有部分调节功能，但主要还是从筹集收入的角度考虑。随着特殊流转税的发展，奢侈品逐渐进入特殊流转税的税目。对奢侈品课税，更主要的目的在于调节消费行为，抑制奢侈消费。

以上就是从量计征的流转税的一个基本发展过程。从量计征的一个显著缺点是，从量税与经济发展水平的相关性不高。从量税无法应对通货膨胀。如果要应对通货膨胀，提高税收收入，只能提高税率。而频繁提高税率，是公众所不能允许的。从价税却能解决好这一问题。一战后，政府能够逐步对市场交易价格进行监控，从而使从价税有了课税基础。德国、法国等国率先开征了一般流转税——交易税（交易一次，课征一次）。

交易税从价计征，增加了流转税与经济的相关性。但交易税会产生税负累积（cascade/cascading）[①] 效应，即产品经历的环节越多，交易税税负越重，每一次流转都会扩大交易税的税基。在这种税制下，企业可以通过纵向合并的方式，减轻税负。分工与专业化是经济增长的重要源泉。企业纵向合并与专业化分工背道而驰。因此，各国开始改良交易税。

从逻辑上看，消除交易税重复课税的弊端，并不是一开始就用增值税替代交易税。既然交易税是因为道道课税才产生重复征税，那么，只选择一个环节课税就足以彻底消除重复课税的弊端。因此，单环节课税成为首选。单环节税收有生产商税、批发商税以及零售税等主要形式。但无论是生产商税，还是批发商税，单环节税收都只对注册主体与非注册主体之间的交易征税，这样会促使生产商与批发商尽可能剥离业务，缩小税基。因此，从保证税收收入角度看，生产商税一定会被批发商税替代，而批发商税也会被零售税替代。

零售税虽然可以解决重复征税的弊端，但有两个缺陷：一是税收收入滞后，只有到零售环节政府才能取得相应收入；二是零售税纳税人多，管理难度大。零售额等于各环节增值额之和。对各环节增值额计税，同样可以达到消除交易税税负累积效应的目的。道道课征的增值税不仅可以保证税收收入及时入库，而且增值税发票抵扣机制可以促使纳税人互相监督，更加有利于税收收入的实现。因此，自 1954 年法国实行增值税后，各国普遍用增值税替代了各种形式的交易税。我国"营改增"的本质也是如此。

---

① "cascade" 有"级联效应"和"瀑布"之意，体现的是一种上窄下宽的含义。因此，有学者（Oakland，1967a；Friedlaender，1967；Das–Gupta，Gang，1996）将以商品流转额为基础征收的营业税也译为"cascade/cascading sales tax"。

3.3 增值税的基础知识

3.3.1 增值税的两个原点

通常认为，美国人亚当斯与德国人西门子独立提出了增值税的思想。只是二人的论证视角不同。亚当斯讨论的是如何对企业课税更合理，而西门子讨论的是怎样对商品课税。

亚当斯在 1917 年向国家税务学会提交的报告（*The Taxation Business*）中指出，对营业毛利课税比对利润课税要好。毛利相当于工资薪金、租金、利息和利润之和。毛利正好是国民收入价值增加的部分，因此，被认为是对增加值课税。随后（1921），亚当斯在美国经济学季刊公开发表论文（*Fundamental Problems of Federal Income Taxation*），进一步明确了增值税的计税思想。

1921 年，德国西门子也明确提出增值税的概念。遗憾的是，笔者至今未能阅读西门子的这篇原文。所以，此处只能引用教科书的表述。目前，各高校普遍使用的《财政学》或《税收学》等教科书一般这样描述西门子的研究：西门子在其所著的《改进的流转税》（*Veredolt Umastasteuer*）一文中正式提出增值税的名称，建议以税基相减的增值税替代多环节交易税，并详细描述了增值税的税制设计。

目前有关增值税的讨论都是沿着西门子的思路进行的。提起增值税，几乎没有人再关心增值税与公司所得税之间的关系。而笔者认为，增值税与公司所得税的关系，可能是大数据时代税制改革需要考虑的问题。

3.3.2 增值税是不是新税

实际上，增值税从诞生之日起，就充斥着各种不同的声音。就连增值税是不是一个新的税种这样最基本的问题，也有过争议。一种观点认为，增值税并非一个新税种，因为它可以等同于已有的几种形式的消费税（Krauss & Bird，1971）。例如，在没有其他间接税和存货增加的条件下，消费型增值税的税基等同于消费支出，消费型增值税等价于一定比例的消费税或者零售税。另一种观点认为，虽然增值税从原则上来说并不是一种新税，但却不能因为税基的相同就认为增值税和其他消费税等同，因为从一般均衡角度看，税基相同的税种也可能产生不同的经济影响。奥克兰（Oakland，1967a）严格证明了消费型增值税下的消费水平要高于消费税下的消费水平。对于增值税是否是一种新税，林霍尔姆（Lindholm，1970）放弃了有关税收经济影响的争论，认为由于增值税征收方式同已有消费税或所得税不同，这本身就说明增值税是一个新税种。

如今，我们似乎认为对增值税知道得足够多，不再关心增值税是不是新税种这样的基本问题了。实际上，有关增值税，我们可能还存在一些认识上的"盲区"。

3.3.3 增值税中性是指什么

增值税的中性特点通常是和营业税重复征税的弊端联系在一起的。在营业税下，企业可以通过纵向合并的行为来减轻税负。增值税不存在这样的问题，因为生产环节多少并不会影响增值税税负。换言之，增值税不会促使企业纵向合并，企业可以根据需要，选择专业化程度。这就是通常所说的增值税中性特点。

实际上，增值税中性特点并非仅仅强调增值税独立于生产环节的特点。判断中性的标准是多方面的。

张欣和陈烨（2009）依据斯图坚斯基（Studenski，1940）有关中性的定义①，认为生产型增值税才是中性的。财政部税政司（2000）认为，增值税对于储蓄和消费的选择是中性的。米索滕（Missorten，1968）认为，增值税在国内和国外零售环节有中性特点。国际贸易领域的中性被定义为国际税收制度的统一，即人们不会因为税收不同而改变经济决策。增值税对国际贸易而言更加中性是欧盟采取统一增值税的重要原因（Oakland，1967a）。奥克兰认为，对要素同比例征税同样会在未来和现在消费、工作和闲暇之间做出选择时产生扭曲。消费型增值税仅可以减少前者的扭曲，却不能减少后者的扭曲。

税收中性还有一层意思是指税收不会扭曲个人决策，即征税时不会改变人们的相对处境。是否改变相对价格是判断税收中性的重要标准。巴蒂亚（Bhatia，1982）在判断增值税是否中性时采用的标准是要素的相对价格，如果增值税不改变要素的相对价格，则增值税具有中性特点。弗里德伦德（Friedlaender，1967）认为，税收的中性是指不能因征税而损害帕累托最优的边际条件。因为只有一次性人头税能满足这样的要求，所以真正的中性税收无法达到。但是，弗里德伦德放宽了税收中性的定义，考虑如下问题：不同的税收是否可以产生相同的结果，即不改变社会实际生产和消费的关系。在这种意义上，可以用按比例征收的所得税作为比较基础，如果一个税收的实际效果等同于按比例征收的所得税，那么这种税收就是中性的。弗里德伦德检验了多种形式的消费税，结论是只有增值税替代所得税后才不会改变产品相对价格。郭、麦克格尔和波达尔（Kuo，Mcgirr &

---

① 斯图坚斯基提出的税收中性是指对要素收益的同等对待。

Poddar，1988）检验加拿大销售税中性时，直接将各产业间税负的非平均分配称作非中性。

可见，不同学者对增值税中性的标准差异很大。通过对多种标准的分析，我们可以得到这样一个结论：中性定义的多样化是因为没有区分税收中性原则和具体税种中性特点。

原则一般具有普遍性，是对现实问题的一种抽象。税收中性原则的核心强调的是税收"不改变"或"不影响"，根据"不改变"和"不影响"的客体不同，产生了增值税的多种中性标准。国内学者通常将"不影响"的客体解释为"行为"，而国外文献有关增值税中性的具体定义则多是强调增值税在一定情况下不会改变"要素或产品的相对价格、国内和国外市场的价格、消费和储蓄"等。

以不改变行为为标准，与营业税相比，增值税具有中性特点。这是因为，在营业税下：从供给角度看，企业可能出于减轻税负的目的而采取内化多个生产环节的行为；从需求角度看，营业税改变了商品的相对价格，导致消费者或企业改变其购买行为。这两种行为的改变都违背了中性原则。

但是，以相对价格为标准，结论有所不同。一方面，生产环节越多，营业税税负越重，所以，企业可以通过一些生产过程的融合抵消对价格的部分扭曲（Oakland，1967a）；另一方面，如果相对价格因征税而有所改变，厂商会选择更低价格的产品，会使高价格的产品因需求发生变化而降低其售价，价格的降低抵消了部分扭曲性影响（Friedlaender，1967）。也就是说，以相对价格为标准，行为的改变一定程度上减轻了营业税非中性的特点。

可见，同样的问题，不同的判断标准，才使增值税中性的结论多种多样。税收中性原则是一般标准，具体落实到判断上，需要明确客体对象。

3.3.4　增值税为什么受欢迎

一般认为，增值税至少有三个优点：①财政方面的优点。增值税可以在最大范围内将税收负担最大限度地赋予各种商品和服务，其征纳特殊机制有效地减少了偷税、漏税。增值税税基较宽，其收入稳定不易受经济影响而发生剧烈波动。②心理上的优点。增值税价内税的特点使它可以在不被纳税人所注意的情况下增加税收。当然，从理论看，税收归宿不明确同样是税收理论研究的困惑。③经济上的优点。通常认为增值税更符合中性原则。另外，增值税出口退税机制也是各国普遍赞同的优点之一①。

在增值税诸多优点中，增值税经济上的中性特点经常被公开强调，甚至成为推行增值税的唯一理由。对此，笔者一直持谨慎的怀疑态度。至少有一点可以肯定，增值税普遍采用的纳税人自我监督的计税方式，有利于提高财政收入。这恐怕是各国热衷增值税的理由，只是不常被公开强调罢了。

当然，任何税种都不会没有缺点。增值税的累退性就一直是反对派攻击增值税的理由。但也有不少实证研究表明，由于增值税税率和免税等方面的特殊设计，增值税累退性并不像想象中的那样明显。总之，考虑到增值税的优点，累退性通常不会成为反对增值税的充分理由②。

3.3.5　谁承担了增值税

在税收的经典问题中，税收归宿是最重要的问题，也可能是最难确定

① 财政部税政司. 流转税的改革与政策选择：2000 年商品和劳务税国际研讨会论文集［C］. 北京：中国财政经济出版社，2002：46-50.

② Oakland. The Theory of the Value Added Tax：Incidence Effects［J］. National Tax Journal，1967b，20.

的问题。流转税的税收归宿有两种不同的研究路径：一种路径是，研究流转税在消费者和要素所有者之间的分布；另一种路径是，以收入或者支出对消费者进行分组，假定流转税完全前转给消费者，研究流转税在不同组别之间的分布，目的是衡量流转税的公平性。第二条路径得到的流转税具累退性的结论也是各国政府税改时考虑的因素之一。日本就曾因增值税的累退性延缓了增值税的实施。

这一部分将着重介绍第一条路径的相关结论。这是因为，在第二条研究路径下，流转税完全前转的假设条件中多少蕴含着一丝无奈。这一假设被广泛接受的部分原因是，流转税在要素所有者和消费者之间的分布尚未取得共识性结论。况且，部分实证研究已经证明，流转税税负完全前转的情况并不成立，短期分析结果更是如此。有研究测算了美国零售业的税负分布，发现生产者负担了全部零售税的 10% ~ 35%；卡尔博尼耶（Carbonnier，2007）对法国 1987—1999 年的研究结论也是如此，消费者承担的增值税税负比例大体在 57% ~ 77%。因此，放弃流转税完全前转给消费者的假设，研究流转税特别是增值税在要素所有者和消费者之间的负担情况，具有十分重要的理论和现实意义。

奥克兰（1967b）较早单独分析增值税税收归宿。他认为，税收归宿是指引入增值税产生的福利分配的变化。由于福利无法衡量，奥克兰借鉴经济学的一种常用方法，以个人实际收入衡量福利，分析增值税对个人实际收入的影响，实际是分析增值税对要素收入的影响。马斯格雷夫（Musgrave）认为，最好的办法是通过一种税代替另一种税的结果来分析税收归宿。奥克兰也遵循这一思路，分析了增值税替代所得税后收入分配的变化。

奥克兰（1967b）在一个充分就业的完全竞争分析框架下，区分了短期和长期，研究了增值税替代所得税（扣除一定比例后对资本收入征税）的收入变化情况。短期时，劳动供给固定，增值税会立刻转嫁给劳动这一生产要素。这种转嫁是通过提高产品价格还是降低实际劳动、货币价格并不重要，重要的是调整是完全的。在短期中，如果用增值税替代所得税，税后实际工资下降，利润上升，因为这种替代是从仅对利润征税转变为对利润和工资都征税。考虑到要素拥有者的数量，资本收益（利润）上升意味着不公平程度增加，因为奥克兰（1967b）假定资本为少数人所有，劳动为多数人拥有。在长期中也能得到类似结论。这就是说，以增值税替代所得税，无论是在短期还是长期都将增加收入的不平等性，即税后利润增加。

短期和长期的划分一直是经济学的重要分析框架。短期和长期的不同，税收归宿的结果可能大不一样。

当然，即使都是短期或都是长期研究，短期和长期的划分方法也存在重大差异。例如，奥克兰（1967b）假定短期内资本供给固定，而长期中资本供给不再固定，任何时点的资本存量都同过去的储蓄路径有关。与奥克兰不同，在 Harberger 模型和 Heckscher – Ohlin 模型中（两种要素两种商品的模型），假定要素供给固定，但要素自由无成本的流动被认为是长期的特点（Bhatia，1989）。

在增值税税收归宿问题的研究上，巴蒂亚是位值得介绍的重要学者。巴蒂亚（1982）研究的目的是提供一个严格的增值税税收归宿的分析范式，它考虑中间产品，假设有需求弹性和可变生产投入系数，保证了可以分析需求和供给两方面的可能。其所得到的一些结论仍然符合人们的已有判断。例如，一旦生产系数可变，需求弹性不为零，只要每个行业适用相同税率，增值税仍然不会改变要素报酬，也同样不会改变产出价格，具有中性特点。但增值税在实践中并不总是覆盖所有行业，上述条件很难成立。麦克卢尔（McLure，1972）认为，考虑到管理、政治和社会政策等因素，个人消费中 1/5 以上的比例可能被排除在税基之外（以美国为例）。因此，巴蒂亚（1982）分析了只对部分产品和行业征收增值税的情况。其结论表明，如果增值税不能覆盖所有行业，结论确实有所不同。例如，只对一个行业征收增值税，增值税在中性特点上并不优于其他税收。其中，要素密度和要素对中间产品的替代性是影响税收归宿的重要因素。

另外，已有证据表明需求弹性不应为零，成本最小化的企业会试图以非税投入代替已税投入。在需求有弹性时，可能出现基本要素之间的替代，以及要素同中间产品的替代，巴蒂亚（1982）研究了这种情况下的增值税税收归宿。

巴蒂亚（1982）不仅考虑了中间产品，而且在生产投入系数和需求弹性方面也实现了突破，其税收归宿的分析框架也比较完整。尽管巴蒂亚（1982）区分了纯中间产品和混合中间产品，两种类型的中间产品分别进入不同模型之中，但现实中更多的情况是两种中间产品并列存在。如果能将纯中间产品和混合中间产品纳入一个模型之中来分析税收归宿问题，则可使分析更加准确。巴蒂亚指出，像这样可变的等级式的生产关系并没有引起税收学者的广泛注意，但这绝不意味着这一领域的空白，因为在国际贸易中分析中间产品时已对这种等级性生产进行了许多研究。巴蒂亚（1988）参考了国际贸易有关中间产品的研究思路，在中间产品类型方面进行了扩展。

巴蒂亚（1988）研究了当生产是一种等级式的组织方式时不同税种的税收归宿。生产等级是指某些产业与其他产业有向前或向后的关系。巴蒂亚（1988）分析的税种包括增值税、一般销售税、对特定要素和产品的税收。其结论本质上说明了生产的等级关系、要素和中间投入的替代弹性将严重影响税收归宿。生产等级的划分使得以一种非税投入代替已税投入时，税收归宿会发生明显变化。

3.4 增值税不一定优于营业税

3.4.1 增值税替代营业税的理论依据：不对中间产品征税可以实现生产效率

营业税逐渐被增值税所替代，其理论上的一个重要原因是，增值税符合最优税制理论中的"不对中间产品征税可以达到生产效率"原则（Heady，1993）。生产效率是达到帕累托最优的一个重要条件，具体是指要素投入的边际替代率对所有厂商都相同（Myles，1995）。不对中间产品征税的原则被称作商品税的"第一原则"，这一原则源自戴蒙德和米尔利斯（1971）的相关研究成果。实际上，戴蒙德和米尔利斯（1971）的研究对象并非中间产品税收，中间产品税收问题只是其引理的一个应用。戴蒙德和米尔利斯（1971）在相关论文（*Optimal Taxation and Public Production* Ⅰ：*Production*）导论中明确指出，他们认为这篇文章的创新在于联系了税收和公共投资两个财政学主要领域。当时并不缺乏单独讨论最优税或者单独讨论公共投资的文献，戴蒙德和米尔利斯（1971）的贡献在于同时将税收和公共生产作为最大化社会福利的变量，把税收理论、公共投资理论和福利经济学理论联系起来。

一般认为，商品税使最优点处的边际转化率不等于边际替代率，无法保证生产效率。也有学者证明了最优商品税的存在仍然可以满足生产效率，但是，他们没有考虑收入的分配问题。戴蒙德和米尔利斯（1971）的不同在于考虑了收入的再分配问题，其主要结论有二：①如果不能使用一次性总量税实现收入再分配功能，政府也可以通过商品税来改善收入分配；②在一定条件下，只对最终产品征税，仍然可以满足生产效率。

黑迪（Heady，1993）认为，虽然戴蒙德和米尔利斯（1971）考虑收入的分配效果后，证明对生产要素的供给或者最终产品的消费征收扭曲性税收也是适当的，但是，他们并没有证明这种生产组织方式的扭曲是适当的。戴蒙德和米尔利斯（1971）结论的背后观点是，每一个家庭的社会福利水平取决于生产要素价格和家庭消费的产品价格，这些价格决定了效用分配。如果政府的税收是最优的，政府可以控制所有的消费者面临的市场价格和独立于这些价格的生产者价格。例如，如果汽车的生产者价格上涨，那么政府应该通过减少车的销售税来抑制消费者价格的上涨。所以，在征收商品税时，仍然可以不影响生产价格而保证生产效率，同时实现收入再分配。

如果将私人企业分为两个或多个部门，就可以引入企业间交易的税收问题。由于要保证所有生产都是有效的，对企业间交易就不应征税，也就是说，不应对中间产品征税。换句话说，在没有利润的情况下，对中间产品征税一定会影响最终产品价格。只对最终产品征税可以保证不损失生产效率。这一应用直接意味着营业税是无效的，应当被增值税或者最终产品的销售税所替代（Heady，1993）。

实际上，不对中间产品征税，是有严格限定条件的。其中，完全竞争、规模报酬不变以及政府可以控制每个产品的税收是最重要的三个假设。在完全竞争和规模报酬不变的条件下，私人企业不会取得税后利润，这不是说没有会计利润，而是说，不能有更大的利润以吸引资本注入企

47

业。这一假设是必需的，因为生产者价格的变化将影响净利润，进而影响家庭效用。但这个假设在现实中经常无法做到，现实中也很难度量这种利润。同样，政府通过改变每个产品的税收控制其价格，这对政府来说也是十分困难的（Heady，1993）。

3.4.2 不对中间产品征税的结论一成不变吗

戴蒙德和米尔利斯（1971）不对中间产品征税的结论是否能在更一般的情况下保持不变，受到后来学者的关注。他们在政府完全征税能力、规模报酬和不完全竞争这三个条件上进行了扩展性研究，并取得了一定成果。

纽伯里（Newbery，1986）放松了政府完全征税能力，他提出，如果一些商品不能被直接征税，那么，对生产这些产品的中间产品征税作为一种扩展税基的方法是否能够满足生产效率呢？纽伯里（1986）给出的答案是，如果不能对全部最终产品征税，并且只有对不能征税的产品课税才能保证生产效率，那么，对这些产品的中间投入和中间产品征税可以保证生产效率。

戴蒙德和米尔利斯（1971）的最初结论是在完全竞争市场且规模报酬不变的条件下证得的。如果规模报酬递减，达斯-古普塔和斯蒂格利茨（Das-Gupta and Stiglitz，1972）证明，只有政府政策工具的范围足够大，也就是说，政府可以做到对利润征收适当的税率，才能达到生产效率，但是，如果不能对所有利润征税，政府不得不对生产者也就是对中间产品征收扭曲税以保证生产效率。米尔利斯（1972）进一步说明了利润和生产效率之间的关系。这些发现表明，规模报酬假设是可以放松的，但是必须附加一定条件，不然只能对中间产品征收扭曲性税收。

迈尔斯（Myles，1987，1989）在研究商品税原则时将主要精力放在不完全竞争的分析上，即研究这一问题：去掉完全竞争假设是否会损害生产效率引理？迈尔斯没有直接回答这一问题，而是回答了一个替代问题：在不完全竞争情况下，中间产品是否应被征税？是否对中间产品征税也是相关政策所关心的问题。

迈尔斯（1987）放松了戴蒙德和米尔利斯（1971）的完全竞争条件，通过构建一个函数来反映每一个不完全竞争行业的价格和利润的有效税收，其中，中间产品的价格是决定税率的一个重要变量。在不完全竞争条件下，戴蒙德和米尔利斯（1971）不对中间产品征税的原则不再适用。

迈尔斯（1989）建立了三种简单模型，分析中间产品税对福利的影响。第一个模型，完全竞争企业的产品出售给垄断厂商，而垄断厂商的产品是最终产品；第二模型，与第一个模型刚好相反，垄断企业的产品作为中间产品出售给完全竞争厂商，完全竞争厂商的产品为最终产品；第三个模型，两个垄断厂商生产最终产品，可以对中间产品课征不同税收。一个消费者消费最终产品，提供劳动供给，占有垄断利润。在上述假设条件下，迈尔斯（1989）得到如下结论：①如果所有生产都满足里昂惕夫生产技术特点，生产效率的条件仍然能够满足。这也意味着，生产投入系数将影响生产效率。②在分析的几种情况中，实现福利最大化需要对中间产品征税，也就是说，在不完全竞争条件下应放弃对中间产品不征税的原则。

可见，如果经典结论的假设条件发生变化，不对中间产品征税的结论应做出相应调整。

令人感到疑惑的是，我们只记住了戴蒙德和米尔利斯（1971）的结论，似乎要把这一结论当作永恒不变的真理，并用其指导一般流转税的改革实践。这一部分综述了多位研究者的观点，无非是想呼吁人们关注：不对中间产品征税需要严格假设。当假设条件发生变化时，我们反而应该对部分中间产品课税。而这些条件可能更接近于我们的现实。总之，增值税所坚持的不对中间产品课税的原则被过分夸大了。

3.4.3　增值税一定比营业税更有效率吗

一般认为，增值税比营业税更有效率。这也是用增值税替代营业税的重要理由。但这一部分将继续强调的是：在一些条件下（这些条件往往更接近现实）增值税将不再优于营业税。

在这一方面，达斯－古普塔等学者进行了积极探索。达斯－古普塔的多篇文章在不完全竞争条件下重新比较了增值税和营业税的特点。达斯－古普塔和甘（Das－Gupta and Gang，1996）在一个局部均衡框架下，假设中间产品市场是完全竞争的而最终产品市场是垄断的，比较了五种形式的消费税，分别是从价销售税、零售税、增值税、营业税和生产环节的销售税。一般认为，营业税的扭曲效果比增值税更大（扭曲效果是指改变商品的相对价格），达斯－古普塔和甘强调了此结论的一个重要前提，即承认拉弗曲线的存在。达斯－古普塔和甘的核心观点是，无论是增值税还是营业税，对产品价格的扭曲程度或者说重复征税程度同市场结构密切相关。如果中间产品市场比最终产品市场竞争程度更大，那么，相对于营业税（或者生产环节销售税）而言，增值税（或者零售税）扭曲性更小；但是，如果中间产品市场竞争性不如最终产品市场，那么，通常所认为的增值税非扭曲（中性）特点将被过度夸大。

除此之外，达斯－古普塔和甘（1996）通过不同消费税的比较得到一些具体结论：零售税和增值税要取得同营业税一样多的税收收入，其税率更高。如果零售税和营业税税率与收入正相关，零售税下的产出损失超过营业税下的损失，同样的税收收入，生产环节销售税与其他三种销售税相比，将导致产生更高的税率、更低的产出以及更大的净损失。

要想得到增值税在收入和对价格的扭曲方面优于营业税的结论，除完全市场的假设条件之外，还有一个重要条件，即中间产品固定投入的假设。达斯－古普塔（2004，2005）对条件进行了扩展，在不完全竞争、中间产品和要素具有替代关系的情况下，再次比较了增值税和营业税。

达斯－古普塔（2004）在最终产品市场和中间产品市场都存在垄断的情况下，比较了增值税和营业税的福利、收入及产出方面的特点。假设条件包括：线性需求、边际成本不变，中间产品和要素可以相互替代。证明过程使用了博弈论的分析框架，结果显示，无论是 Cournot 博弈还是 Stackelberg 博弈，都不存在可以取得与营业税相同收入的增值税（因为拉弗曲线的存在）。营业税在某些情况下可以在福利、收入和产出方面都优于增值税，这主要与生产函数的特点、中间产品和基本要素的替代性有直接关系。当最终产品的企业是战略领导者时，因为齐次生产技术的假定，Cournot 博弈和 Stackelberg 博弈的结果相同；当中间产品的企业是领导者时，与 Cournot 博弈下两种税收相比，Stackelberg 博弈时税收对中间产品价格的扭曲程度更低，福利更高；如果中间产品和基本要素之间的替代性足够大，那么，Cournot 博弈下增值税的优势比 Stackelberg 博弈下更明显。当然，产出相同时，增值税的税率要高于营业税。

达斯－古普塔（2005）进一步强调了他 2004 年研究中有关收入的部分比较结论，假定：一个垄断的最终产品企业从一个垄断的中间产品企业购入中间产品，并且，基本生产要素和中间产品可以相互替代。最终产品企业选择产出以最大化利润，中间产品企业选择中间产品的价格，每一个企业都将对方战略选择看作给定的。在这样的情况下，达斯－古普塔

（2005）证明了营业税可能在收入、产出和福利方面都优于增值税。

总之，不完全竞争的市场条件和中间产品与要素的替代关系将改变我们的传统观点。

3.4.4　增值税的超额负担一定小于营业税吗

超额负担一直是评价税收的重要标准。超额负担的计量是指用货币单位来测量因实施扭曲性税收而导致消费者效用水平下降的数值减去政府通过税收所获取真正资源的价值。各种超额负担的测量方法主要区别是：①计量消费者效用变化的方法不同；②税收收入大小的测量方法不同。

平新乔等（2009）与林恭正、蔡幸珠（2001）的研究都涉及增值税超额负担的测算，使用的计量方法和支出函数不同。平新乔等旨在研究中国增值税和营业税对消费者产生的福利效应的差异，结果显示，营业税对每一个消费群体产生的福利伤害程度（CV/m 和 EV/m）都要高于增值税产生的福利伤害程度。其中，CV 为补偿性变动，EV 为等价性变动，m 为收入，测算时使用的是线性支出函数。林恭正、蔡幸珠以营业税为例（台湾地区加值型营业税即增值税），利用台湾地区 1998 年家庭收支调查资料，假设消费形态呈现延伸线性支出系统（extended linear expenditure system），采用直接估计法及泰勒展开近似法两种不同方法，估计台湾地区 1998 年营业税的（边际）超额负担。他们的结论表明，不同估计方法的结果差异很大。换言之，估算方法将影响增值税与营业税超额负担的比较结论。

3.4.5　以增值税替代其他税种会改变产品的相对价格吗

价格是市场经济资源配置的信号。研究税制改革对价格的影响，一直是税收领域的经典问题。

弗里德伦德（1967）是研究不同形式流转税对价格影响的一个里程碑式人物，其研究目的是分析以流转税替代所得税时哪种形式的流转税是中性的（不改变产品相对价格）。分析的流转税包括零售税（瑞典、美国的多个州）、批发环节销售税（瑞士）、批发和零售两个环节的销售税（芬兰）、生产环节的销售税（加拿大）、增值税（法国）以及营业税（德国、意大利等）。如果不考虑中间产品，通常认为，零售税、批发和零售两个环节的销售税和增值税都不会改变产品的相对价格①。

但是，引入中间产品后，结果会发生改变，分配渠道（即产品流动方向）就成为影响价格变化的重要因素。因此，弗里德伦德（1967）考虑了两个不同结构的经济，即经济 1 和经济 2，以反映不同的分配渠道。两个经济中都有三个部门：生产部门、批发部门和零售部门。唯一的不同是：在经济 1 中，生产部门之间进行产品交换，在经济 2 中，生产厂商购入中间产品时必须经过零售部门。

从结论看，两个不同经济结构得到的结果不同，意味着产品流转结构的设定会影响相对价格。其原因可以通过一个简单的过程来说明：如果后一环节（如批发）将产品卖给前一环节（如生产），并且后一环节征收流转税，那么，流转税会进入价格系统而改变产品的相对价格。如果生产厂商从零售厂商处购得已税产品，那么，零售税的中性特点将随之消失，因为税收已进入生产成本。因此，零售税、生产和批发环节销售税的中性特点必须依赖如下假设：前一阶段不能购入后一阶段的已税产品。如果无法满足这一特点，只有对所有生产和分配（生产、批发、零售）过程都征税的增值税才不会改变产品的相对价格。生产和批发环节销售税的非中性特点不仅仅体现在改变产品的相对价格，还体现在对最终产品成本中的要素

---

① 当然，增值税中性的结论也是建立在诸多严格假设条件之上。

部分不征税。除非这些非税要素构成形式在最终产品成本中占有相同比例，否则，生产和批发环节销售税将改变产品的相对价格。

同样是分析增值税替代所得税之后的价格变化，弗里德伦德（1967）分析时未考虑投资因素。阿伦（Aarron，1968）分析增值税替代所得税后对价格的影响时，将资本和劳动同时纳入分析，以投入产出表数据为依据，重点分析了生产型增值税代替所得税后对各行业价格的影响。

研究产业价格变化的原因在于，不同产业之间价格变动是税制改革成本的一个显示变量。如果所有产业的价格变化相同，则可以推测需求结构将不会发生太大改变。所以，阿伦（1968）研究的核心内容是测算各行业税改后（生产型增值税替代所得税）价格与改革前价格的比值。基本结论为，以生产型增值税替代所得税后，各行业价格变化有所不同，结果受转嫁系数的影响。

此外，价格变化还要看增值税替代的是什么税种。例如，哈伯格（Harberger，1968）认为，以增值税替代企业所得税，价格上涨的可能性很小。

4 增值税的理论基础：最优商品税

最优税收理论包括最优商品税理论、最优所得税理论以及最优税制结构理论。一般认为，拉姆齐（Ramsey）1927 年发表的论文《对税收理论的一个贡献》奠定了最优商品税理论的基础。随后，最优商品税理论得到快速发展。1927—1970 年的最优商品税理论主要关注效率问题。直到 1971 年，收入分配问题才被纳入最优商品税理论的研究视野。在考虑收入分配之后，最优商品税理论产生了若干新的研究结论。其中，最为重要的一个"副产品"（推论）是，不对中间产品征税可以达到生产效率。从规范研究角度看，不对中间产品征税是增值税替代营业税的最为直接和最为重要的理论依据。因此，从这个意义上说，增值税的理论基础实际就是最优商品税理论。本章主要介绍最优商品税理论的演变与核心观点。

4.1 最优税收理论

最优税收理论是第二次世界大战后西方税收理论最为重要的代表性成果之一。"最优税收理论围绕税收超额负担问题而展开，是以福利经济学为基础的一种税制选择理论。该理论在个人效用能够加总、可供选择的税收工具（税种）既定、政府税收收入水平既定的约束下，研究如何选择税收工具，确定税制，实现社会福利的最大化。该理论是对税收原则理论的细化和综合，具体包括最优商品税理论、最优所得税理论和最优税制结构理论。"[1]

最优税收理论所关注的问题是：政府怎么征税合适？征多少税才适当？什么样的税率档次结构才最佳？对这些问题以一种规范的理论方式加以讨论，已有 100 来年的历史。

1897 年，英国经济学家埃奇沃思（Edgeworth）基于下列四个假定，给出了实现社会福利最大的最优税制设计：①社会福利是个人效用函数的简单加总（未加权）；②所有的个人效用函数相同；③效用是收入的增函数，但边际效用是收入的减函数，即效用函数是严格凹的；④社会总收入为固定常数。按这四个假定，只有当每个人在消费上所花的最后一单位货币所获得的边际效用都相等时，社会福利才极大。但由假定②和假定③，要使每个人的边际效用相等，便要求每个人的可支配收入相同。结论是显然的，为了使社会福利极大，即使人与人在毛收入上有差别，也要使他们在净收入上相等，这样，通过个人所得税将富人收入转移给穷人，实现收入均等，便是最优的税收。

埃奇沃思的这种考虑的最大缺陷是，他忽略掉了个人被征税之后在行为上所做出的反弹。用现在的语言说，这实质上忽略了税收在激励上的代价。1932 年，庇古（Pigou）在其《福利经济学》一书中，就明示了这种完全均等的收入分配对劳动的反激励效应。其实，庇古在早几年，就要求他与凯恩斯的一个学生拉姆齐去思考，什么样的税收对行业的反激励最小？拉姆齐认真地对待了这一份作业，并交出了出色的答卷，这便是其发表于 1927 年的论文《对税收理论的一个贡献》。

---

① 杨志勇. 税收经济学 ［M］. 大连：东北财经大学出版社，2011：89.

拉姆齐的观点是，如果对那些人们无法因税收而调整自己行为的活动征税，则会使税收的效率成本最小。这个结论常常被理解为对供给弹性或需求弹性小的产品征税（这固然不错），但其对个人所得税的含义却更为深刻，即一种个人所得税如果不是对个人可变动的努力程度征税，而仅仅对个人不变的能力征税，则其效率成本会最低。遗憾的是，这个隐含着的深刻的观点一直未被人引申与利用，直到 20 世纪 70 年代初才被米尔立斯（Mirrlees）引用并加以创造性地发挥，解决了维克里（Vickrey）提出并开始着手分析，但最终没有解出的难题。由此，米尔立斯与维克里摘取了1996 年的诺贝尔经济学奖桂冠，将最优税收理论发展推向顶峰①。

4.2 1927 年最优商品税理论的开端：拉姆齐问题

普遍认为，拉姆齐于 1927 年发表的论文《对税收理论的一个贡献》是最优商品税理论的开创性研究。从本质上说，最优商品税应该是指公平和效率完全兼顾的最优税，但在 20 世纪 70 年代以前的税收理论文献中，经济学家对最优商品税的讨论集中在效率方面。因此，这一时期的最优商品税实际是最优效率的商品税。

为集中解决税收的效率问题，就要求把最优税收问题置于单人经济中加以考察，因为如果考虑多人会涉及公平问题。当然，后来有学者在拉姆齐的基础上，建立了多人模型。多人模型涉及公平，使问题变得复杂。因此，最优商品税理论的研究首先从效率着手，将商品税收的效率问题作为研究核心。具体而言，拉姆齐试图回答的问题是：在取得给定收入的前提下，为使超额负担或效率损失最小，如何确定商品的税率？

---

① 平新乔. 当代财政学前沿的若干问题［J］. 经济学动态，2000（4）.

4.3　20 世纪 70 年代之前的最优商品税理论：拉姆齐问题的解决方式①

4.3.1　生产者价格不变时的最优税收规则

经济学家对拉姆齐问题进行了探索，在假定生产者价格在税前和税后保持不变的前提下，提出了四种税收法则。

4.3.1.1　等比例法则

等比例法则是指，如果所有商品（包括闲暇）都可以被征税，那么，最优的税率结构就是对所有的消费品征收相同比例的税收。这一结论有严格的假设条件：①消费者必须拥有非赚取的收入（如接受的遗产或捐赠的收入）。如果全部为劳动所得，则政府不可能获得任何收入。②非赚取的收入是一个正值，它也必须足够大，以便满足政府取得税收收入的需要。③等比例法则要求政府有能力对包括闲暇在内的所有商品都征税。如果某些商品不能被征税，例如，政府无法对闲暇征税，那么，这一法则就不是最优的。正是由于这些原因，尽管等比例法则看起来十分完美，但它的实用价值却非常有限。以下所讨论的其他法则都是在某种商品无法被征税的情况下进行的。

4.3.1.2　拉姆齐法则

拉姆齐法则是指，对一种应税商品征收比例税所引起的需求量降低，

---

① 朱为群. 消费课税的经济分析 [M]. 上海：上海财经大学出版社，2001：83 - 89.

必须与其他所有商品因征收这种比例税而引起的需求量降低相同，即每一种商品征收一单位的税款所造成的超额负担都必须相同。关于拉姆齐法则，朱为群提到的两点内容值得特别强调：一是，拉姆齐法则是按照税收引起的数量变化而不是价格变化来表述的。这是由于不同应税商品需求数量的改变才造成了税收的超额负担，应税与非税商品相对价格的改变，仅仅是引起数量变动的手段而已。故此，拉姆齐法则也被称为"需求量等比例下降法则"。二是，拉姆齐法则是根据希克斯需求曲线而不是马歇尔需求曲线来表述的。

4.3.1.3 反弹性法则

反弹性法则是指：对需求弹性较高的商品，税率应较低；对需求弹性较低的商品，税率应较高。反弹性法则经常被误认为等同于拉姆齐法则。实际上，反弹性法则只是拉姆齐法则的推论。它阐明了最优税率与需求弹性之间的数量关系。拉姆齐法则适用于各种商品存在相关关系的情况。反弹性法则缩小了应用范围，只要商品之间在消费上不相关，既没有替代关系，也不属于互补关系，最优税率就应与需求弹性成反比。

4.3.1.4 科洛特—黑格尔法则

科洛特—黑格尔法则是指，如果不能对闲暇征税，假定存在两种应税商品，为使效率损失最小，对闲暇具有强替代性的商品比具有弱替代性的商品应该课征较低的税收。这一法则具有非常实用的政策含义。按照科洛特—黑格尔法则，对高档闲暇活动和商品征收高税率的商品税，而对低档商品实行较低的税率。这就使政府对高消费项目征税有了某种理由。而高消费又往往被认为与收入有关。因此，这一法则同时具有一定的收入调节作用，具有较强的政治吸引力，容易得到支持。

4.3.2　生产者价格变动时的最优税收规则

当生产者为适应商品税引起的需求变化而调整价格时，最优税收规则就要考虑供给方面的反应。遗憾的是，无法用简捷方法在各种最优税收规则中对供给反应进行解释。不过，有两个特例倒是值得注意：一是，如果生产具有规模收益不变的特征，那么，在生产者价格固定的假设下成立的所有最优税收规则，在生产者价格变动的情况下仍然有效。二是，如果每一种应税商品的普通需求和供给都取决于其自身的价格，那么，反弹性法则更一般的形式是，某种商品的最优税率与供给的价格弹性成反比，也与需求的价格弹性的绝对值成反比。

4.4　20 世纪 70 年代以后的最优商品税理论：考虑收入分配

20 世纪 70 年代以后，经济学家开始在最优商品税方面引入收入分配问题。戴蒙德和米尔利斯（1971）做了开创性研究，指出：①对主要由穷人消费的商品征税引起的需求量的降低应低于平均下降比例；②在商品的需求互相独立的情况下，最优商品税税率不仅取决于需求价格弹性的反向性，而且取决于需求的收入弹性。许多生活必需品既是具有低价格弹性的商品，又是具有低收入弹性的商品。对这些商品征税，要权衡效率与公平。从效率角度看，要求对这类商品实行高税率；从公平角度看，又要求实行低税率。

当然，设计最优补贴制度，也是解决收入分配问题的一条思路。这就是说，在商品税税率设计方面，主要考虑效率问题，公平目标通过补贴制度来实现。阿特金森和斯蒂格利茨（Atkinson & Stiglitz，1980）认为，如果补贴能被设计得最优，在商品和闲暇之间弱可分的前提下，统一税收（uniform taxation）就是最优的。

4.5　公共选择视角下的最优税收理论

与福利经济学理论不同，在公共选择理论看来，最优税收理论与财政立宪是紧密相连的。规则的制定，比细枝末节的精雕细琢要重要得多。杨志勇在其《税收经济学》一书中，对公共选择视角下的最优税收理论进行了较为全面的概括。具体如下①：

霍尔库姆（Holcombe，2002）沿用最优商品税理论的分析思路，对拉姆齐法则在实际中的运用提出了批评。他考虑了决定税率的政治过程问题，指出运用拉姆齐法则确定税率，可能不如进行所有产品适用同一税率的财政立宪。这是因为，满足拉姆齐法则税制要求的信息无法通过直接观察得到。各利益集团会通过寻租活动，努力影响自己所适用税率的政治决定因素。而且，每个利益集团都有激励雇用"专家"给立法机构提供信息，以表明自己的产品很有弹性，应该适用低税率。其他利益集团也会这样做，结果是到处都有相互冲突的信息。再者，拉姆齐法则所考虑的是静态模型，在现实的动态世界中，需求弹性随时都在变化，更增加了持续调整的必要性，需要灵活的商品税率结构，才能满足拉姆齐法则的要求。考虑到税收的政治成本，以及政治市场结构的非完全竞争，霍尔库姆力主财政立宪。

洛曼和韦斯（Lohmann & Weiss，2002）用当选的政策制定者取代社会

---

① 杨志勇. 税收经济学［M］. 大连：东北财经大学出版社，2011：98 – 99.

计划者。政策制定者不仅关心税收负担的最小化，而且关心能否重新当选。选举竞争创造了在位者偏离拉姆齐法则的激励。他们区分了看得见的税率（visible tax rate）和看不见的税率（hidden tax rate），政策制定者会降低看得见的税率，提高看不见的税率，而非按照商品的需求弹性来确定税率的高低。他们在有竞争的两期拉姆齐模型中，分析了不同人的税率信息，有的税率属于看得见的，有的则属于看不见的，因此，政策制定者可能偏离拉姆齐法则的要求。而且，收入高的人更可能支付获取信息的成本，因此，提高税制的透明度，才是最为主要的问题。

最优税收理论是在福利经济学的基础之上发展起来的，而公共选择理论在很大程度上是不承认社会福利或集体利益概念的。最优税收理论与福利经济学蕴含以下假定：政府的目标是最大化社会福利函数。而从公共选择视角来看，政府的目标是最大化收入，或者说是在效率损失封顶的约束条件下最大化收入，其中会发生委托—代理问题（Hillman，2003）。

4.6 除最优税收理论之外的相关理论

最优商品税理论并没有考虑税制强制性所带来的征管成本与遵从成本问题。从 20 世纪 80 年代开始，从实证角度考察税收成本的研究开始丰富起来。这些研究意味着，税制设计时，必须考虑逃避税对税制设计的约束。这直接推动了行为经济学的发展。

行为经济学对此前经济学理论的影响是颠覆性的。例如，行为经济学一般基于如下假设：人们的行动不见得是理性的，而且不是完全私利的，偏好也会不一致。这些与标准经济学假设截然不同。如果将这些假设引入税收理论，必然要对税收理论进行全面改造。

5 增值税的国际实践

增值税从法国开始实践。随后，欧盟在促进经济一体化的目标下统一了成员国的增值税。新西兰、澳大利亚与新加坡等国家又在欧盟增值税基础上逐步建立起现代增值税制度。近年来，部分国家（加拿大、印度与巴西）尝试着在次国家级政府层面上开征增值税。这是近年来增值税国际实践的最新动态。在发达国家中，唯一比较特殊的是美国。美国并未普遍开征增值税，而是选择了零售税。在这一章，将分别介绍上述国家（地区）增值税的实践情况①。

5.1 增值税的主要形式：消费型增值税

5.1.1 法国②

5.1.1.1 概况

法国 1954 年实行增值税，它本质上是在产品和提供劳务的最终消费

---

① 有必要澄清的是，本章事实材料主要引自二手材料。
② 郭宏德，等. 增值税概况［M］. 北京：中国财政经济出版社，1984：52 – 63.

环节所征的间接税。法国的间接税有许多种，增值税是最大的一种。它的征收范围极广，几乎包括所有商品经营和劳务收入。它的收入比重占各项税收的首位，在国家财政收入中所占比例很大。1970年增值税约720亿法郎，占税收总额的比重为45.5%，到1979年增加到2 270亿法郎（数额增长很大，主要受法郎贬值因素的影响），占税收总额的比重为51.6%。

法国增值税是在征收实践过程中形成的。最初法国实行的是按营业额全值多环节课征的营业税。1936年，为了避免重叠征税，改为二次课征的生产税。1948年，为了消除一次征收制的课税间断性对财政收入均衡入库的影响，以及产生的新的税负失平，又恢复多环节征税办法。但为避免重叠征税，开始实行扣税原则，扣除范围不包括投资性支出所支付的税款。例如，自行车可以扣除买橡胶、钢材、钢丝的税，而不能扣除买生产自行车的机器设备所付的税款。这时，实际上已具有增值税的性质。1954年，扣税范围扩大到投资性支出所支付的税款。人们发现，这样扣除以后，所征的税款，实际上是按销售额扣除购入物料金额后的差额计征的。这个差额大体相当于工资、利息、地租、利润等企业生产中增加的价值，因此，把它称为增值税。当时实行增值税是很慎重的：一是实行的范围只限于工业生产和商业批发环节；二是对企业购买物料所支付的税款，如果大于应交税额，只能抵交下期税款，税务机关一般不向纳税人退税。1966年，决定把增值税的范围扩大到商业零售环节，并决定农民可以自愿选择是否实行增值税。1971年，决定对企业多交的税款可以实行退还的政策。1978年，进一步把适用范围扩大到自由职业者。最后形成了较为完整的增值税模式。

5.1.1.2　征税范围

逐步发展起来的法国增值税，其实行范围涉及工业制造、商业批发和零售、各种小企业、农业生产者以及自由职业者。增值税范围逐步增大有经济上的因素。由于增值税对投资性支出所包含的税款可以扣除，对鼓励投资有好处，所以零售商、农业生产者从其自身经济利益考虑，提出他们也要实行增值税，这样有利于促进他们经营现代化和设备现代化。

那么，对自由职业者所取得的劳务收入，一般重叠课税可能性不大，为什么也实行增值税呢？这主要是从有利于简化手续、统一执行税法和使提供劳务单位所购用的商品也同样享受扣税优惠考虑的。

对于纳入增值税范围的课税对象，在征收办法和划分征免上做了一些灵活规定。

（1）将小企业纳入征税范围后，为了解决征收面广、工作量大给征管工作造成的困难，采取了简化征收的措施，实行两种办法征税。一种办法是，对一年营业额少于 50 万法郎的小企业，实行定额征收的办法，即由企业经营者介绍他们的经营情况，然后双方共同协商确定税额，税额一定两年不变。在法国，这样的小企业超过了 100 万户，面很广，但经营额在国民经济中所占的份额很小，所征的税额仅占增值税总额的 6%。采取上述办法既简化了纳税手续，又节约了征收费用。另一种办法是，适用于规模略大一点的企业，但还是归于小企业的范围，即一年营业额在 50 万法郎至 100 万法郎的企业。这部分企业实行前面曾经说过的简易征收制，即按上年交纳税额占销售额的比率求出实际征收率，以此作为计税的征收率，年终再多退少补。

除了上述两种办法外，还与此相配合，对两部分收入少的小业户采取减免税措施：对于年增值税额低于 1 350 法郎的小业户，实行免税照顾；对年增值税额在 1 350～5 400 法郎的企业，采取限额扣除的办法予以减税照顾。之所以采取减免税措施，是从照顾他们收回投资并取得一定维持生活的收入考虑的，它属于一种社会福利和社会津贴的特定形式。同时，由于规定达不到起征点的免税，许许多多小商贩实际上都成了不征税单位，这样不但照顾了这些商贩的实际生活状况，也相应地减少了增值税征收的工作量。

（2）对农业生产者，是否纳入增值税的征收范围，法国采取由其自愿选择的办法。农民如果选择征收增值税，他们购买机器、肥料、种子等所交纳的增值税就允许扣除。城里的商人也愿意到实行增值税的农民那里去购买东西，这样，他们购进货物的税款也可以扣除，增值税的扣除办法就不会中断。现在，法国100万农户中有1/3选择实行增值税，他们所生产的产品占全部农产品的2/3，未实行增值税的农户占2/3，产品只占1/3，大多是小户。

对农户征税采取简化的办法，就是在他们将产品销售给合作商店和副食商店时，估计一个买机器等所付税款的数额，予以扣除。但是扣除的税要低于实际所付的税。

（3）对自由职业者，是把医生、教员、作家划出去不征增值税，只对与经济、生产有直接关系的，如设计师、建筑师、工程师征收增值税。

（4）对不动产征收增值税的范围，到目前为止，法国只限于工业性建筑和新建筑，其他尚未纳入增值税范围。

（5）对保险业务，如火灾、失盗等保险业务是实行增值税的，对人寿保险是不实行增值税的。

（6）对政府的补助金，属于设备补助金范围的，如补助企业购买机器用的，不实行增值税；属于对企业的经营性补助，如对企业因商品售价低影响收入而给予的政府补助，是要征收增值税的。法国之所以这样规定，是因为：设备补助金，是企业用于购买设备的，对企业所购买的设备是要征税的，所以它本身不再征收增值税；经营补助金，是对企业经营收入少而给予的补助，实际上它是构成企业整个经营收入的一部分，所以应当征收增值税。例如，私人交通公司考虑到经营的社会性而将票价定得低，涨价会牵涉到广大群众的利益，为了平衡企业收支，使它能得到必要的收入，而不影响它的经营积极性，政府就采取予以经营补贴的办法，这种经营补贴与价外补贴类同。这样，交通公司的经营收入实际上包括两部分，即票价收入部分和政府给予的经营补助金部分。这两部分都是企业的经营收入，所以，均应征收增值税。

5.1.1.3 税率与免税

1976 年以前有四个不同的比例税率，即低税率 7%、中间税率 17.6%、一般税率 20% 和高税率 33.3%。1976 年 9 月，政府为了控制物价上涨，采取了降低税率的措施，决定将一般税率由 20% 降为 17.6%。这样，实际把中间税率和一般税率合并成了一个税率，即只有三个税率了。1981 年，政府出于经济政策和增加财政收入的需要，又把一般税率提高为 18.6%，同时新增了一个超低税率 5.5%，又成了四个税率。属于按超低税率 5.5% 征税的项目，有面包、自来水、一般调味品等。属于按低税率 7% 征税的项目，有书籍、新闻、剧院、音乐厅、电影院、公共交通、人用药品、饭店、某些地皮等。属于按高税率 33.3% 征税的项目，有黄金、宝石、首饰，高级皮货（不包括兔皮做的产品），食品中的鱼子，收听、收看、收录设备（包括摄影机、收音机、电唱机、录音机等），化妆品（主要是香水），小汽车，大型摩托车等。属于按一般税率 18.6% 征税的项目，范围是广泛的。也就是说，凡是不按超低税率、低税率，又不按高税率征税的项目，一概按一般税率征税。

在税率不动的情况下，为了达到减轻某些纳税负担的目的，法国运用了降低税基的办法。例如，对新闻、剧院、音乐厅及某些地皮，税率为7%。实际在征收增值税时，通过按一定的百分比打折扣降低征税基数的办法，使日报实际负担率只有2%，周刊与期刊只有4%，剧院、音乐厅只有2%，某些地皮只有5.38%。对无益的报刊、书籍还可提高税基征税。

此外，法国还采用了彻底免税和免税两种办法降低特定纳税人的税负。彻底免税即税率为零，适用于出口商品。免税只是在被免税的那个环节免征增值税，以前环节的税已经交给国库了，不属于免税的范围。在法国，一般都在最后零售环节免税。这样，所免的税款由消费者享受，等于减轻了消费者的负担。

5.1.1.4 扣税规定

（1）关于可扣税业务活动的规定。可扣税业务活动，一般是指纳税人从事应纳增值税的经营活动，包括应纳增值税的商品转让和提供劳务活动，以及按照规定应纳增值税的其他经营活动。对于免征增值税的经营活动，以前环节已征增值税的，则不实行扣税原则。对于进口商品的经营活动，凡在进口环节已经交纳了增值税，在进口后继续进行的经营活动，可以扣除进口环节所支付的增值税额。对于进口商品复出口的，可以退还进口时征收的增值税。

（2）关于扣税凭证的规定。增值税的扣税必须依据合法凭证，即进货发票，并注明已征税款。而且，所注明的税款必须是开票人应开的合法数额。只有在这种情况下，才能取得扣税权。对不能征税的营业活动开错误发票的，或不按规定的税率开发票的，以及对虚构的营业活动开假发票的，均应由开发票人承担责任。对这部分卖主所开发票上的不合法税款是不允许扣除的。

（3）关于退还已征税款的规定。当纳税人应扣税款不能从账目中的应纳税额内抵冲时，可以实行退税。例如：对增值税的新纳税人，若其购进商品设备进行可征税的经营活动，对其已纳税款，在实现销售收入，发生纳税义务时，不能从中全部抵冲的，可以要求退还；对经营出口业务的纳税人，其出口商品已交的税款，可以要求退还。退还税款根据规定分别采取按月退还的方式，有将企业记录多征的税款逐步抵交的方式和限额退还税款的方式。限额退税，即确定退税的最高限额，超过限额的，转到下次申报纳税时再处理。

（4）关于已扣除税款的固定资产及其他商品重缴已扣税款的规定。对已实行扣税后的固定资产，在规定使用期内发生转让的，纳税人应缴回原先扣除税款的一部分。对其他商品及劳务（包括库存物资）已实行扣税后，发生用于非征税的经营活动的，对已扣税款应进行重缴。

（5）关于限制扣税经营项目的规定。凡是购进的商品及劳务，不是用于营业活动需要，而是用于其他方面需要，包括用于企业主、职工或其他个人需要的，其已交的税款不能扣除。这些限制扣税的商品，包括房屋、地产、各种器材、收音机、电视机、为个人服务的车辆、房屋维修费、财产租金、旅费、娱乐开支、招待费、食品、医药费，以及与经营活动无关的搬迁费等。对于购进的财产和劳务，既用于营业活动又用于其他方面需要的，除了有特殊规定的以外，其已交的税款不能扣除。

（6）对兼营可扣税和不可扣税经营活动的纳税人，其购入商品扣税办法的规定。对不仅仅从事可扣税营业活动的纳税人，其购入商品和劳务已征的增值税可以扣除一部分。计算扣除的办法有两种：一种是比例扣税法，即以可扣税营业活动的收入额占企业收入总额的比重，作为扣税的百分比扣税；一种是实物确定法，即根据财产和劳务实际用于何种经营活动来确定是否可以扣税。

5.1.2　欧盟增值税①

欧盟区域经济一体化是一个渐进的过程，根据涉及领域和一体化程度的不同，先后经历了关税同盟、共同市场、经济联盟等阶段。与之对应的欧盟税收协调经历了从关税协调、间接税协调到直接税协调的转变。从间接税的协调情况看，1957 年欧盟委员会通过的《罗马条约》就提出了协调间接税的问题。1967 年通过的最早的两个增值税指令要求所有成员国都采用增值税代替其他流转税。1977 年第六号增值税指令（77/388/EEC）在有关增值税税基的确定、纳税人的认定、税款的结清和交付等方面做出了统一的规定。2006 年，欧盟通过了新的增值税指令（2006/112/EC，以下简称"指令"），将历年对第六号增值税指令的修订内容整合为一个法律文件，进一步明确了欧盟增值税制。其主要内容有以下六个方面：

5.1.2.1　应税范围及纳税人

应税交易范围包括纳税人在成员国境内有偿提供货物，纳税人在成员国境内有偿提供服务以及进口货物，但对从欧盟内其他成员国获得货物和服务适用一些特殊的规则。

纳税人被界定为在任何地方独立从事任何经济活动的任何主体，且不论该活动的目的或者结果是什么。经济活动概括了生产商、销售商以及提供服务的主体所从事的所有活动。采矿业、农业、专业服务行业以及为盈

---

① 全国人大常委会预算工作委员会. 增值税法律制度比较研究［M］. 北京：中国民主法制出版社，2010：266 – 269.

利而利用有形或者无形资产的活动也包括在内。

应当指出的是，指令中所包含的纳税人的界定尚未在欧盟所有国家执行。比利时、意大利、瑞典、英国等国的增值税立法中所采纳的定义与欧盟指令就有显著差异。然而，纳税人的概念在欧盟内应该是一个统一的概念，需要按照欧盟指令和欧盟法院的裁定来解释。

5.1.2.2 应税行为

应税行为包括出售货物和提供服务。出售货物被界定为货物的所有者转让其权利以及处分有形财产的行为。提供服务被界定为不构成出售货物的任何其他交易，如转让无形资产的权利，不从事某种行为或者容忍某种行为或者情形的义务，按照政府的命令或者以政府的名义或者按照法律的规定所提供的服务，等等。而且，纳税人或其雇员私人使用或用于除经营以外的其他目的的企业财产，如其进项税得到了全部或部分抵扣，则也视为提供服务的应税行为。纳税人为自身或者其雇员的私人目的或者除经营以外的其他目的提供的服务，也被视为提供服务的应税行为。在不扭曲市场竞争的前提下，成员国可以变通这些规定。

5.1.2.3 应税行为发生地点

根据目的地原则，在销售货物时，如果货物需要运输，该运输开始的地方就是应税行为发生地点。确定提供服务地点的基本原则是服务提供者的经营场所所在地。如果服务提供者有固定的经营场所，该经营场所就是服务提供地；如果没有固定的经营场所，服务提供者的永久地址或者服务提供者经常居住的地方就是服务提供地。从 2010 年 1 月 1 日起，这一原则将继续适用于向非纳税人所提供的大部分服务。为征收增值税之目的，非纳税人的法人也应当被视为纳税人。对于向纳税人提供的大部分服务而言，服务提供地点将是服务接受者的经营所在地。

5.1.2.4 税率

1992 年欧盟委员会提出协调成员国的增值税税率，规定标准税率不得低于 15% 且不得高于 25%，低税率不得低于 5%（除非该成员国在 1991 年 1 月 1 日时已经适用了低于 5% 的低税率或者在该成员国加入欧盟时被允许采用低于 5% 的低税率）。低税率仅适用于指令中列示的某些特定种类的货物和服务。这一清单包括与生活必需品或者社会、文化必需品有关的货物和服务。而且，在不影响公平竞争的前提下，低税率还可以适用于天然气和电力的供应。这一最低税率标准将适用到 2010 年 12 月 31 日。目前，各国之间增值税税率还存在较大差别，税率最低的卢森堡只有 15%，德国和西班牙为 16%，而瑞典和丹麦的税率则高达 25%。

5.1.2.5 登记和征收

一般而言，在欧盟成员国内销售货物或者提供服务并且有权抵扣进项税的每一位纳税人必须进行增值税登记并且被授予一个单独的号码，但允许成员国进行适当的变通。同时，指令规定每一位纳税人必须在其作为纳税人的经营活动开始、变更和结束之时通知国家税务主管机关。成员国也可以采取措施加强征管和防止避税。同样，成员国也可以采取措施简化或者减轻纳税人的义务。

5.1.2.6 主管机关

在欧盟层面上，没有税收主管机关或者增值税管理机关。根据欧盟建立共同增值税制度有关条约的规定，欧盟税收和关税联盟主任的职责是提出立法建议并且启动成员国违法审查程序。除了欧盟委员会，欧盟建立了一个由成员国代表和欧盟委员会代表组成的关于增值税的建议咨询委员会，被称为"增值税委员会"。欧盟建立增值税委员会的目的在于便利欧盟增值税指令得到统一执行并更为密切加强成员国和欧盟委员会的合作。当增值税委员会的指导规范被全体一致通过时，才能产生具有法律约束力的增值税决定。欧洲理事会在欧盟委员会的建议下全体通过欧盟增值税指导规范，所适用程序与欧盟审查批准成员国对增值税指令的变通规定的程序相同。

2009 年，欧盟又经通过决议，对上述增值税框架做了一些修改，并将于 2010 年开始正式生效，主要包括：对应税服务发生地点规则做了重大修改，即将一些服务的征税地点由服务提供者所在国改为服务接受者所在国；延长了适用低税率的服务列表的有效期；缩短了与其他欧盟成员国之间交易的申报期限；用一套全新的纯电子程序取代了现行的欧盟企业退税申请程序。在 2009 年捷克担任欧盟轮值主席国期间，欧盟还就增值税改革达成了一些新的协议，主要包括：允许成员国对餐饮、理发等劳动密集型行业和具有地域性的服务业实行低税率；延长对餐馆和电子书等实行的低税率；制定对特定进口实行免税的前提条件；对指令做出一些技术性修改。

5.1.3 现代增值税①

5.1.3.1 新西兰

新西兰在 20 世纪 80 年代进行税制改革，以增值税代替了税率档次繁

---

① 全国人大常委会预算工作委员会. 增值税法律制度比较研究 ［M］. 北京：中国民主法制出版社，2010：15 – 17.

多的营业税。在新西兰，增值税被称作货物与劳务税。从 1986 年开始，在全国范围内开征了货物与劳务税。由于增值税的税负可以转嫁，其最终负税人仍然是消费者个人，所以，大范围地引进增值税，扩大增值税征收范围，需要相应降低直接税尤其是个人所得税的税率，使纳税人的税负不致过重。当时，新西兰同时调低了个人所得税最高边际税率，从原来的 66% 降到 30%，还降低了公司税税率。

新西兰实行的货物与劳务税被称为现代增值税类型的代表。根据《货物与劳务税法》规定，在新西兰境内的税务登记者发生的销售货物、提供劳务以及进口货物的行为，都属于增值税的征税范围。不仅对提供产品征税，而且对提供劳务，包括政府机关也征税。新西兰是当今世界实行增值税范围最广的一个国家。例如，新西兰国家税务局为政府收税而取得的业务经费，作为业务收入和销项税金，扣除进项税金就要按规定交纳增值税。新西兰对增值税实行一档税率，统一为 12.5%，计算比较方便，没有减免。除对年营业额在 3 万新元以下的小企业不征税外，其余一律征收。在新西兰，年营业额在 3 万新元以下的企业极少，所以实际上是都征收的。增值税按月申报，当月销项税金大于进项税金就缴税，反之，就按月申请退税。发票管理比较简单，除规定发票必须有税号和品名、单价、数量、金额外，印多少、印几联、发票大小都由企业自己决定。

5.1.3.2 新加坡

增值税在新加坡被称为货物和劳务税。它是一种税基宽广的消费税，对于在新加坡进行的供应货物和劳务的行为以及向新加坡进口货物的行为征税。国际上一般认为，新加坡税基广泛的货物和劳务税，属于"现代增值税制度"。

新加坡在 1994 年 4 月 1 日引入增值税，它是新加坡税制改革的重要组成部分，它宣告新加坡对长期财政政策进行根本性改革，即从对所得征收直接税这个重点转向对消费征收间接税。在这个过程中，新加坡降低了其公司所得税和个人所得税的税率以鼓励新投资，鼓励新加坡的经营者和企业到海外进行投资并在当地发展新的市场。

新加坡 1994 年引入货物和劳务税时，标准税率是 3%，在 2007 年 7 月 1 日提高到 7%，这是提高政府财政收入、用以弥补政府在基础设施建设以及社会安全方面赤字的重要措施。新加坡还将进一步降低所得税，税收将继续朝向间接税的方向发展。新加坡 1994 年引进货物和劳务税以及随后提高货物和劳务税的税率都有一些类似的配套措施。

5.1.3.3　澳大利亚

2000 年 7 月 1 日，酝酿、讨论达三年之久，并几经波折的增值税终于在澳大利亚开征了，称为货物和劳务税。这是澳大利亚自 20 世纪 30 年代以来所进行的最大的一次税制改革。

澳大利亚改革之前的税收制度是 20 世纪 30 年代制定的，已经明显落后于时代，亟须彻底改革。例如：所得税对高收入者征收重税，挫伤了公民的劳动生产积极性；被货物和劳务税所取代的销售税不仅多税率，而且税负重达 32%，并只对货物而不对劳务开征，显得不公平；另一个被取代的金融保险机构税更被澳大利亚学者兰·丁尼松冠以"臭名昭著"之恶名，税制比较烦琐，不利于经济的发展。随着人类迈入 21 世纪，以高科技信息、生物产业为主的经济发展模式取代了传统的经济发展模式，加之经济全球化，使得各国间的经济竞争越来越激烈，没有一个顺应市场经济发展的良好的经济体制，也包括税收体制，是难以在未来世界经济发展格局中抢占一席之地的。因此，正是在看到了现行税制弊端，并出于未来经济发展的考虑，霍华德政府才不得不做出改革税制的决定，并通过税制改革简化税制，重新设计澳大利亚公司管理体制的核心，以吸引更多投资，使澳大利亚成为环太平洋区域的金融中心。货物和劳务税的开征实现了澳大利亚时任总理霍华德的竞选承诺。

澳大利亚货物和劳务税的开征也经过多次协商、谈判与讨价还价，执政联盟最终与民主党就税制改革方案达成妥协。新税制改革方案包括免除了基本食品的货物和劳务税，免征部分必需药品与医疗劳务、学校课本和大部分慈善活动的增值税，增加退休金，取消原方案中降低高收入者个人所得税的计划。这次税制改革在几经周折之后才在参议院表决中获得通过，这使得联邦政府酝酿多日的税制改革终于成为现实。

当然，为了保证货物和劳务税改革的顺利进行，同时进行了相关的税制改革。其主要包括：①2000 年 7 月 1 日以后，个人所得税率从原来的 20% ~47%（按高低不等）分别下降 1 至 4 个百分点。同时，个人所得税的免征额由 5 000 澳元上升至 7 500 澳元。②公司税和资本利得税由 39% 降低至 30%。③取消金融保险机构税、销售税、印花税等 6 种税。④开征酒类平衡税和豪华汽车税。豪华汽车税是指对价值超过 6 万澳元的豪华汽车，就其超出部分缴纳一种税率为 25% 的零售税。

5.2　增值税的最新实践：次国家级政府增值税

5.2.1　加拿大：混合型增值税

加拿大在决定进行一般流转税改革时，最初目标也是希望选择全国统一的消费型增值税模式。但受加拿大税收管理体制的限制，统一各州的销售税遇到很大阻力。加拿大被迫在实践中进行变通，在联邦和州两个层次建立了混合型的增值税模式，并取得成功。加拿大的一般流转税模式引发了学者对次国家级政府增值税问题的重新思考。

加拿大的一般流转税由联邦与省两个不同层次的增值税构成。联邦增值税为 GST，在全国范围征收，以消费为税基，税率全国统一（6%）。税基、税率由联邦制定。在魁北克省，GST 由魁北克省的 MRQ 机构按照 GST 规定征收，省扣留一定管理成本后共享收入。其他省的 GST 由联邦统一管理。联邦增值税对国际贸易实行目的地原则。

省级政府一般流转税的情况为：一个省①只有联邦增值税，没有省级销售税。四个省②除了联邦的 GST，都有一个单独的 RST③，税基中不包含 GST。一个省④ RST 的税基含 GST。三个省⑤实行联邦和州的联合增值税 HST（harmonized sales tax）。魁北克省除 GST 外，开征了一个省级增值税 QST（Québec sales tax）。

HST 诞生于 1997 年，主要特点是以一个统一的消费型增值税代替以前的联邦和省的销售税。税率统一为 14%，包括 6% 的 GST 和 8% 的省的税率（税基不包括 GST）。联邦负责统一管理。但是，税基和税率、收入分享比例由联邦和这三个省共同制定。也就是说，HST 是一种真正的联邦与省的"联合"税。省分享 HST 收入的比例为 8%，依据是各省估算的消费数据。跨省交易的处理方式为，出口适用零税率，进口部分不征收省的 HST。但 HST 对三个省之间的销售与省内交易税收处理相同，销售给其他

---

① 阿尔伯达。

② 不列颠哥伦比亚、萨斯喀彻温、马尼托巴和安大略。

③ 省级销售税其性质是 RST（零售税），但是正式名称为 PST（provincial sales tax）。

④ 爱德华王子岛。

⑤ 纽芬兰、新斯科舍和新不伦瑞克。

省份的交易只需缴纳 7% 的 GST。

QST 以消费为税基，税基包含 GST，采用进项抵扣方式。总体而言，QST 除了对大公司的一些抵扣仍然保留较为严格的规定外，与 GST 在抵扣上的规则基本相同。QST 税率为 7.5%。在管理体制上，税基、税率由魁北克省制定。税收征管由魁北克省 MRQ 机构负责。对于跨省交易的征收，基本是按照欧盟延期支付办法实行目的地原则。延期支付办法是指，在进口时不征收进口增值税，而是货物再次销售时不予抵扣进口投入，从而实现对进口征收增值税。从魁北克省出口，无论是到哪个省还是到哪个国家，QST 都是实行零税率（GST 正常征收）。对从其他省或者国外的进口征税，但是只针对与注册纳税人的交易征税，对与非注册纳税人或者消费者的交易不征税。

概括而言，加拿大的 HST，QST 与 GST 构成的双元增值税制在实践上并没用产生严重问题。

5.2.2　印度：联邦与邦两个层次的三种增值税并行[①]

印度是一个联邦制国家，各邦拥有较大自主权力。长期以来，各邦税收自治，联邦政府难以统一进行协调。为了改革间接税制度，1972 年成立间接税调查委员会，实施简化间接税的改革尝试。在邦和地方，税收改革委员会呼吁进行税制简化和合理化改革的主要动机是为不断增长的公共消费和投资需求筹集更多的财政资金。委员会极力推荐采用增值税概念，提出了"有限度增值税"，即制造环节的增值税或者增值税类型的税收。印度政府在 1985 年公布的长期财政政策中就包括引进有限度增值税的提议，

[①] 全国人大常委会预算工作委员会. 增值税法律制度比较研究 [M]. 北京：中国民主法制出版社，2010：17 - 20.

紧接着在 1986 年 3 月 1 日实施了"有限度的增值税"方案。最初，有限度增值税只选中了中央消费税税目表第 37 章中的货物，即有限增值税只是被有限制地适用于极少数的制造业货物，而且从联邦消费税向有限增值税的转化渐进式地持续了数年。印度的增值税改革首先从个别邦生产领域的个别行业开始。改革成功后，向多数邦和生产领域的多数行业推广，其覆盖范围逐步缓缓地扩展到除烟草和其他几项货物外的所有制造部门，以后又推广到批发环节，但是始终没有延伸到零售环节。1994 年 3 月 1 日，有限度增值税又扩展到资本性货物。

2001 年 4 月，印度政府提出要取消销售税，在全国范围实行增值税。财政部长辛哈坚持认为：中央政府应当努力在全国范围内实行统一的增值税制度，不能仅仅在各邦分别实行，否则就失去实施增值税的意义了；增值税属于中央税，但可以对各邦进行转移支付。印度在全国实施增值税的主要阻力是立法障碍。按照印度的政治体制，涉及各邦的税收政策必须经过各邦立法通过后才能生效，但是截至 2003 年 4 月仅有 12 个邦通过了相应立法，并且所通过的增值税立法具体方案与中央政府提出的建议存在许多重大分歧。由于增值税对各邦利益和某些具体行业利益造成重大伤害，实施增值税的提议已经导致印度各利益集团冲突尖锐化。反对者不仅在议会对支持者给予政治打击，同时不断举行全国规模的示威或罢工游行。印度政府颁布的增值税最后实施期限分别是 2002 年 4 月 1 日、2003 年 4 月 1 日和 2003 年 6 月 1 日，但是由于种种原因被迫连续推迟了三次。

2005 年 1 月，各邦财政长官委员会达成共识，并发布《邦级增值税白皮书》，宣布在 54 个邦全面实施增值税。从 2005 年 4 月 1 日起，首批 21 个邦开始实行增值税。

联邦政府在各邦推广增值税有两个目的：一是统一和规范，为全面实行增值税奠定基础；二是加强管理，提高联邦所得税的收入。为了推行增值税，联邦政府承诺对收入减少的邦提供三年的补助，第一年补助减少额的100%，第二年补助减少额的75%，第三年补助减少额的50%。一年内建立信息交换系统的网络。实行增值税以后，取消已有的销售税、销售税附加、附加费和特别附加税，同时，也将取消中央销售税（CST）。有关实施增值税的具体细节，将由各邦的增值税法具体规定。

印度从2005年4月1日开始实行有区别的联邦增值税和邦增值税。印度中央政府被迫在增值税法律条款中，切实考虑增值税反对者特别是地方政府的利益诉求，降低增值税税率。印度增值税的实施付出了妥协的代价。尽管如此，印度28个邦中的21个邦第一批实行增值税制度。由反对党执政的7个邦没有实行增值税制度，他们担心新税制会使地方税收受损，同时也不愿意放弃自己手中的征税权。

在印度，增值税是指联邦增值税、劳务税和州增值税三个税种。劳务税和联邦增值税，由联邦立法开征并具体征收。它们是环环抵扣的增值税，对于货物或者劳务的流转额征税，购进时所缴纳的进项税额予以抵扣。由于两个税种都由联邦征收，劳务与货物的进项税额可以相互抵扣，即当提供劳务时，为该劳务购进货物或劳务的进项税额都可以抵扣，反之亦然。州增值税，由各州对于州内销售货物的行为征收，也是环环抵扣的增值税。货物的销售者可以抵扣其在购进货物时在该州缴纳的增值税进项税。对于向其他州缴纳的增值税，不允许扣除。

劳务税于1994年引进，根据1994年的《财政法》征收和管理。最初只限三种劳务（保险、股票经纪和电信）需要缴纳劳务税。随着时间的推移，征税的范围不断扩大。目前，已经有100多种劳务需要缴纳劳务税。尽管当前应税劳务的范围非常广泛，涉及各种各样的劳务，但仍有很多劳务是不征税的,如法律劳务、医疗劳务以及宾馆提供的劳务。

联邦销售税是对跨州销售货物所征收的单环节销售税。联邦销售税由联邦立法开征,由销售发生地的各州征收。该税收没有抵扣机制,并且是最终税负,不能用于抵扣任何其他税收。议会已经提议每年降低税率1%,目前税率已经从4%降低到2%,在2010年取消该税。

各州有权对州内货物的销售征收增值税。在早期,所有的州都遵循对销售的单一环节征税的制度,没有抵扣机制,往往在第一次销售(批发)环节征税。2003年以来,各州逐渐从单环节征税转变为采用具有环环抵扣机制的增值税。增值税制度带来了较少的逃税、较高的税收遵从度以及各州较高的税收收入。州增值税由货物销售所在州,即销售时该货物所在的州征收和使用。目前,州增值税大约占各州税收收入的60%。

为了克服现行增值税制的缺陷,印度政府提出了在2010年统一增值税制的改革方案,该方案将目前割裂的三种增值税制合并,征收一个统一适用于所有货物和劳务,覆盖生产、加工、销售所有环节的货物劳务税(GST)。该税制被初步设计为符合目前世界上现代增值税制的模型,其税基宽泛、税率简化、有尽量少的免税项目。同时,该税制仍然具有印度的特色,是双元的货物劳务税:联邦和州将对同一税基按某个税率分别征收各自的税收,例如,联邦对所有的货物和劳务征10%的税,州对同样的税基征收5%的税,相互之间可以抵扣,但是两套税务机构分别课征,各自入库。据印度州财长委员会主席、西孟加拉邦财政部长达斯-古普塔先生介绍,这是印度联邦制度的产物,各州不可能放弃自身的税收主权,而独立的税率决定权、税收征管权,是维护州税收主权的底线。他认为,各州能够在统一税基问题上达成一致,已经是联邦制度的奇迹了。

目前,增值税制的改革是政府和社会各界共同关注的一个热门话题,也被认为是印度近年来较大规模的一次税制改革。但是，该项改革仍然面临诸多困难：一是宪法的障碍，宪法明确划分了联邦和州在间接税方面的税收权限，一旦改革，就需要修改宪法，而宪法修订程序严格，未来改革具有不确定性；二是联邦和各州之间的利益博弈平衡点不容易找到，现在各州基本上达成一致，但是在设定税率时，联邦和各州必然要进行大量博弈。

5.2.3 巴西：联邦、州双层次增值税与市级多环节销售税并行

巴西的税制较为复杂，体现了发展中大国的特点，距离普遍认为较为合理的一般消费税还有相当长的距离。这同巴西的税收管理体制有极大关系。巴西有一个对生产部门开征的多个税率的联邦增值税（IPI）和一个对农业、工业和许多服务业开征的州的增值税（ICMS）。ICMS（占全巴西25%的收入）由多个市分享。联邦确定 ICMS 的主要特点，而税率的制定权给州。不在 ICMS 中的服务征收市政税（ISSS），对来自工业、商业和专业服务的不同种类的总收入征税，不可以抵扣。2005 年 3 月，政府与国会达成协定，同意增加 ICMS 的最小税率至7%，允许州对四种商品的税率提高到12%。这一改革降低了 ICMS 的复杂程度。为了减少生产和消费州收入之间的差别，给不发达的州以更多的收入，对于跨州交易，州的 ICMS 税接受了部分产地部分目的地的原则。对跨州交易，巴西规定了两档低税率，税率的标准具体取决于目的地州的经济位置①。

在巴西，除了州的增值税对进口设定部分限制与严重的重复征税问题外，两个水平的增值税也产生了许多问题。巴西联邦和州的增值税缺乏概

---

① Schenk A，Oldman O. Value Added Tax：A Comparative Approach ［M］. Cambirdge：Cambridge University Press，2006：382.

念上或管理上的融合，这意味着巴西在两个方面都做得不好。所有困扰欧盟跨境交易的问题巴西都有。巴西对服务的征税位于两个不同的税种之下，尚未完全实现从一般流转税到一般消费税的过渡。从其实践情况看，在巴西建立较为规范和统一的一般消费税，会遇到来自不同层级政府的阻力。巴西要在短期内实现对服务业征收标准的一般消费税，难度颇大。

5.3　一般流转税的另一种选择：美国的零售税

与世界多数国家不同，在美国，对消费品（商品与服务）课征的是零售税。零售税属于州的地方税。如前所述，是否开征零售税及其税基、税率的决定均属于各州的主权。美国各州的零售税是对辖区内所有经营有形动产或提供应税劳务的销售者征收，在最后零售环节征收的税属于单环节销售税①。由于零售税采取的是目的地原则，即对进口不征税，对出口征税，为了避免到外州购买行为可能产生的逃税现象，美国对将所购商品带回本州境内使用而未缴纳零售税的交易开征使用税，作为零售税的辅助性税收。

各州对零售税法律上的纳税人有不同规定，大体可以分为两个大类：第一类，13个州的税法规定以销售者为纳税义务人。以销售者总收入为计税依据。某些州的法律中提到，可将应纳税款转嫁给消费者，但销售方仍然要履行纳税义务。第二类，17个州规定纳税义务人为购买者。但税款由销售者以销售价格为依据向消费者征收。另外，虽然有15个州与华盛顿特区规定由法院具体决定是以销售者为纳税义务人还是以消费者为纳税义务人，但多数州的法院强制性规定由销售者向消费者征收，而后上缴税

① 有些州也对中间或批发阶段的交易课税。

款。可以说，"早期零售税着重的是对营业特权的课税，亦即对销售者所征收的税收，但后来零售税俨然成为对购买者征收的一种交易税。销售者仅执行税收及缴纳给政府的功能，零售税的税收负担，最终通过提高商品或服务价格的方式转嫁给购买者"①。从后来的发展看，学者们基本普遍坚持一般消费税是对交易征税，由最终消费者承担的观点。

零售税在征税范围上，是先对货物课征，20 世纪 90 年代之后各州才逐渐开始对劳务课征。美国对服务业的征税范围并不是十分广泛，存在大量的免税服务。其中，与企业投入有关的服务征税范围较窄。但是，仍然有一些具有明显生产性质的服务被纳入零售税的征税范围，如仓储服务。从州情况看，"多数州只对可以征税的 168 个服务业中的不到 1/3 的服务征税。45 个州，有 5 个州征税项目少于 20 个"②。夏威夷州、新墨西哥州与南达科他州对服务征税很广，加利福尼亚州与内华达州很少对服务征税。"上世纪 80—90 年代初，曾激烈地讨论过对服务业的征税问题。由于90 年代各州收入减少，所以，考虑对快速增长的服务业征税。"③ "佛罗里达州是最积极的州，通过立法将服务业纳入税基，但是，六个月以后，又缩小了税基。"④ 马萨诸塞州也扩大了税基，在立法时也做了重新调整。其他州通过选择很少的服务业扩展了税基，但是并没有包含可以产生更多收入的专业服务以及仓储、金融、房地产、运输等服务，体现出零售税只对最终消费课税的基本原则。另外，只有不到一半的州对与居住有关的公共

---

① 邱祥容. 电子商务课征加值型营业税制之法律探析 [M]. 北京：北京大学出版社，2005：41.

② Mazerov M. Expanding Sales Taxation of Services：Options and Issues [EB/OL]. http：// www. scgeneralassembly. com/citizensinterestpage/TRAC/010610Meeting/Sales Taxation of Services - MazerovJuly2009. pdf.

③ Fox W F. History and Economic Impact of the Sales Tax [J]. Sales Taxation，2003：11.

④ Fox W F，Murray M N. Economic Aspects of Taxing Services [J]. National Tax Journal，1988，41：19 - 37.

服务征税。

由于零售税在实践中无法完全消除对企业中间投入课税，并且，考虑到电子商务对各州之间销售所产生的影响，美国很早就开始讨论开征消费型增值税。尽管理论上认为消费型增值税可能具有累退性质，但是，阻止美国开征联邦统一的消费型增值税的更根本的原因是，美国的一般消费税改革受到政治与法律因素的牵绊。美国各州的税权的高度统一、法律地位的不可突破，是美国难以开征联邦统一的消费型增值税的最主要原因。

5.4 小结

绝大多数国家（约 200 个）都对商品与服务征收了一般流转税[①]。截至 2011 年，只有部分国家（20 多个）没有征收一般流转税。在开征增值税的国家中，征收消费型增值税是主要征税模式。越来越少的国家开征多环节或单环节销售税（约有 30 个国家）。少数国家征收零售税。在零售环节对国内消费征税时，最终消费者消费的商品与服务在零售税的征税范围，而出口一般不在此范围。美国是经济合作与发展组织（OECD）中唯一没有开征增值税的国家。除我国之外，印度、巴西、东帝汶对服务课征单独销售税。多数国家对商品与服务适用相同的税率。有 7 个国家对商品与服务适用不同税率。

总体而言，欧盟征收消费型增值税借鉴了法国征收增值税的经验，而其他国家征收一般流转税又受到欧盟征收消费型增值税的影响，普遍选择宽税基的消费型增值税作为一般流转税的模式。在此过程中，个别国家不

---

① An‒condia，Corput. Overview of General Turnover Taxes and Tax Rates ［J］. International VAT Monitor，2011，22.

仅移植了欧盟消费型增值税，而且结合本国情况，在欧盟模式的基础上进行了一定改进。新西兰的货物与劳务税是其中的一个典型代表。总之，过去数十年，世界一般流转税改革呈现的总体趋势是，由对全部商品课税到对最终消费品课税，普遍将资本品与中间产品排除在一般流转税的税基之外。

6 增值税改革的经验总结

为什么各国普遍选择消费型增值税？除了受最优商品税理论的影响，很难将所有实践层面的影响因素无一遗漏地一一列出。但可确定的是：增值税筹集收入的能力、税制改革时的国际环境以及改革前的政治与法律制度，在很大程度上使得各国选择了增值税。从功能定位上看，增值税筹集收入的能力较强，使得增值税倍受青睐。从国际环境看，增值税符合经济全球化时代对商品与服务贸易自由化的要求，而且，欧盟增值税的成功统一为其他国家改革提供了良好的示范效应，这些因素促使多数国家选择了消费型增值税。从政治与法律因素看，各国税制改革前的税收管理体制是促使部分国家探索次国家级政府增值税的主要原因。

6.1 功能定位：增值税筹集收入的能力更强

通常认为，增值税具有较强的筹集收入的能力。其主要源自增值税有以下几个特点：

（1）增值税纳税人之间的自我监督机制增强了筹集收入的能力。在各国增值税普遍实行间接减法（发票抵扣方法）计税的情况下，如果商品的购买方或服务的接受方未获得销售方或提供方开具的专用发票，则无法获得进项抵扣。因此，商品的购买方或服务的接收方为降低自身税负，有动力对销售方或提供方的纳税情况进行"监督"。这就从机制上保证了税款的及时入库，提高了增值税筹集收入的能力。

（2）增值税道道征税方式，提高了税收收入的稳定性。首先，与特定环节的流转税（例如，仅在零售环节课征的零售税）相比，增值税在各流转环节均以增加值为基础计税，保证了税款入库的稳定性。其次，在道道课征方式下，即使在流转过程中的某一环节产生了偷税、漏税的情况，政府也不会损失全部税收收入，因为之前环节的税款已经入库。最后，在道道征税方式下，只要免税不被设定在最终流转环节，则增值税的免税并不一定会降低最终的税收收入。这是因为，纳税人享有免税的同时，往往意味着要放弃开具增值税专用发票的权利。商品的购买方或服务的接收方因未获得专用发票而无法抵扣进项税，从而增加了其应纳税款。

（3）增值税收入通常隐含在商品与服务的价格之中，因而，消费者很难察觉到纳税的痛苦。增值税降低了公众对税收的抵制情绪，更有利于税收收入的筹集。当然，零售环节的价税合并并非开征增值税的必要条件。只是在实践中，部分开征消费型增值税的国家在零售环节采取价税合并的方式，在一定程度上"隐藏"了税收。

总之，增值税具有较强的收入能力，符合一般流转税的功能定位，是各国普遍开征增值税的一个重要原因。

6.2 国际环境：经济全球化与增值税改革的示范效应

国际环境是各国普遍开征增值税的又一重要影响因素。在经济全球化的浪潮中，很难有国家在融入世界的同时而免受其他国家影响。对于税制改革亦是如此。具体而言，国际环境的影响至少体现在两个方面：①经济全球化的影响。开放国家的税制改革必须适应经济全球化发展的需要，所开征的税收不应阻碍商品与服务的国际自由贸易。②税制改革的示范效应。某一税种在国际上大范围快速推广，往往有可借鉴、参考的成功案例。由于各国客观条件有所差异，不同国家开征增值税也有先有后，在这样的过程中，率先进行改革的国家会对后续改革国家产生较为明显的示范效应。示范效应使得各国在税制上表现出一定的趋同性。

6.2.1 增值税更符合经济全球化条件下商品与服务贸易自由化的要求

首先，增值税的中性原则与世界贸易组织（WTO）基本原则体现出共同的特点。发挥市场配置资源基础性作用、公平与减少扭曲既是增值税中性原则的本质要求，也是世界贸易组织一贯坚持的思路。符合经济全球化的基本要求是增值税得以迅速发展的重要原因之一。其一，原则上，增值税应对所有商品与服务无差别课征，其根本目的就在于尽量减少对相对价格的影响，减小税收对经济的扭曲，降低因扭曲而带来的福利损失，保证市场配置资源的有效性。其二，全球贸易自由化程度加深，建立在关税与贸易总协定（以下简称"关贸总协定"）（GATT）基础上的世界贸易组织所遵循的基本原则也同样体现出发挥市场机制、促进公平竞争的思路。

世界经济的开放程度不断增加，贸易壁垒逐渐消除。各国相互依存、相互影响的程度不断加深。从国家层面看，越来越多的国家选择融入国际市场、加入国际组织，以最大化其本国收益。为赢得全球市场的竞争，各国纷纷开始改革本国的经济体制，最大限度地发挥市场配置资源的基础作用。通过调整经济结构与产业结构，使本国经济制度更加适应全球化的要求。从企业层面看，企业作为直接参与市场经济活动的主体，在融入经济全球化的过程中，也在加快转变其经营理念与经营方式，以适应经济全球化带来的新的挑战。2008 年的世界金融危机警示我们：在经济全球化下，各国之间的联系更加紧密。

20 世纪 30 年代的经济危机过后，为了限制贸易保护主义，建立国际贸易新秩序，关贸总协定诞生。在 40 多年的有效期内，关贸总协定促进了贸易自由化的发展。关税减让是关贸总协定的一项重要内容。在关贸总协定框架下，缔约方之间通过谈判，在互惠基础上互减关税，并对减让结果进行约束，以保障缔约方的出口商品适用稳定的税率。自关贸总协定成立以来，经过多回合的多边贸易谈判，各国（地区）关税税率有了较大幅度下降。关税水平的下降推动了国际贸易的发展，为实现贸易自由化创造了条件。但关贸总协定也有一些自身难以避免的严重问题。例如，关贸总协定只涉及货物，服务的国际贸易并未在其规定之中。关贸总协定的这一特点已不再适应经济全球化发展的新需要。经过 8 年的乌拉圭回合谈判，世界贸易组织于 1995 年 1 月生效，标志着经济全球化发展到了一个新的阶段。

为了促进国际贸易自由化，加入世界贸易组织的成员应当遵循以下几点基本规则：非歧视性原则、市场准入原则、促进公平竞争与贸易原则以及贸易政策法规透明度原则。以市场化为导向是非歧视性原则的基本特征。为了更多地让市场发挥作用，让"看不见的手"来配置资源，在市场准入原则下，世界贸易组织有两项重要措施：非关税措施关税化与降低关税水平。促进公平竞争与贸易原则要求各成员应当力求做到公开、公平和无扭曲竞争，在对外贸易中不应采取倾销、补贴的方式销售本国（地区）商品。

其次，关贸总协定的关税减让与世界贸易组织的市场准入原则所体现的降低关税水平的内容，在客观上促进了增值税的发展。关税不仅是保护国内市场的一个手段，也是许多国家税收收入的重要来源。关税水平的降低，要求过度依靠关税的国家必须在税收上做出调整。这为增值税的快速发展奠定了基础。更为关键的是，增值税的出口退税、进口征税的边境税收处理方式不但不违背国际贸易自由化的基本原则，反而体现出税收的中性特点。这为参与经济全球化的国家选择增值税提供了一个有力支持。

为什么说增值税出口退税、进口征税就不会阻碍国际贸易呢？这要从两个管辖权原则说起，即产地原则（来源地原则）（the origin principle）与目的地原则（消费地原则）（the destination principle）。产地原则是指，在本国生产的商品或服务，无论是在国内消费还是在境外消费，都由产地国负责征管。目的地原则是指，无论商品与服务产于何处，即无论是国内生产还是从他国进口，都由进口国负责征管。严格说来，将目的地与消费地等同只是一种近似。一般认为，目的地原则更符合受益原则。在出口时由出口国退还已缴纳的增值税，使进口国在进口时征收与国内相同的税收，保持了税收对国际贸易的中性，不违背世界贸易组织的基本原则。

实际上，产地原则与目的地原则具有等价关系，但等价是有条件的。两种原则都可以保持税收对国际贸易的中性。一般认为，如果税率统一，且不同国家可以对税款进行再分配，那么，在产地原则下征收增值税同样不会阻碍自由贸易，不会引发税收竞争。而且产地原则不需要做税收边境调整。不过，上述两个条件在现实中很难做到，即使是在欧盟内部，税率的统一问题至今也没有得到有效落实。因此，通过出口退税、进口征税的方式征收实行目的地原则的增值税成为各国的现实选择。

综上所述，增值税的中性特点客观上满足了国际贸易自由化的要求。增值税在边界税收上的处理方式与世界贸易组织规则的一致性，为其发展提供了必要条件。国际贸易自由化是影响各国选择增值税的一个原因。

6.2.2 欧盟增值税改革的示范效应

欧盟增值税的成功实践，对后续国家的税制改革产生了较为明显的示范效应。为了实现经济资源在欧盟成员国之间的自由流动，欧盟对各成员国的一般流转税进行了协调，并取得了具有里程碑意义的成果——欧盟增值税第六指令。增值税第六指令要求成员国必须改革其国内流转税，统一开征消费型增值税。消费型增值税是欧盟成员国的共同选择。不仅如此，欧盟增值税第六指令还会对后续改革国家产生了重要影响，为诸多国家提供了改革样板。以更少的税率、更宽的税基为主要特点的新西兰货物与劳务税更接近增值税的中性原则。因此，新西兰的货物与劳务税为在新西兰之后进行税制改革的国家提供了一个新的选择。另外，经济合作与发展组织虽然没有像欧盟增值税指令那样对其成员国的一般流转税做出强制性规定，但也出台了一些指导性法令，同样会成为后续改革国家的参考。各国彼此之间在税制改革过程中的相互影响，使消费型增值税成为多数国家的选择。

总之，增值税更适应国际贸易自由化的要求，也已产生更多成功经验，是其被各国广泛采用的又一重要原因。

6.3 政治与法律因素：税收管理体制是部分国家探索 次国家级增值税的主要原因

一般而言，要开征增值税的国家，会首先考虑在全国范围开征统一的增值税。但能否实现这一目标，在现实中，受到政治与法律因素的影响。政治与法律因素的影响集中体现在税收征管体制上。税收征管体制通常包括以下三个方面的内容：①立法权，是指税收由哪级政府负责制定；②征管权，是指税收由哪级政府负责征收管理；③收入权，是指税收收入在中央与次国家级政府之间如何分配。一般而言，一国在开征增值税之前，如果税收制定权、管理权与收入权都为中央政府所有，那么，改革后建立全国统一的增值税基本不会受到政治与法律因素的制约。反之，如果这些权力在改革前为地方所有，那么，要想在这些国家建立全国统一的增值税，就会遇到不同程度的改革阻力。延缓增值税改革或引入次国家级政府增值税，可能成为这些国家的选择。

美国的零售税，加拿大、印度与巴西的次国家级增值税都受到了税收管理体制的制约。这些国家现行的一般流转税模式，在很大程度上是不得已的选择。

那么，为什么要在全国开征统一的增值税呢？或者说，为什么增值税不宜在中央政府之下的次国家级政府（省、州、邦等）层面开征呢？

不宜在更低层次的政府之间开征增值税的原因在于，次国家级政府增值税在实际操作中要面临次国家级政府之间交易的技术难题。这一难题是由增值税的特点决定的。通常认为，增值税应当根据受益原则，在税收管辖权上遵循目的地原则。在国际贸易中，对国与国之间的交易征收增值税，是通过出口国对出口货物与劳务退税（零税率）、进口国在进口时征税以实现目的地原则，保证货物与劳务的最终消费价格中仅包含目的地的税款，而不受产地国的影响。如果一国内部的次国家级政府分别开征增值税，彼此之间的交易也采用出口退税、进口征税方式，必然会产生高昂的征管成本。不仅如此，次国家级政府之间的出口退税与进口征税所形成的税收边界，不利于商品的自由流动，影响了市场对资源的配置，有悖增值税中性原则。因此，一般认为，次国家级政府的增值税不可能应用目的地原则。或者说，次国家级政府只有应用产地原则才能有效征收增值税。适用产地原则的问题是，除非统一所有次国家级政府增值税的税率，否则，产地原则将产生很大的扭曲，引发税收竞争。统一次国家级政府增值税的税率意味着次国家级政府需要放弃财政自主权，这对那些次国家级政府权力强大的联邦国家来说是很困难的。因此，传统观点认为增值税不宜在次国家级政府层面开征。

但自加拿大的省级政府开征增值税成功实践后，已有学者对次国家级政府增值税所产生的跨境交易问题提出了一些解决方案：

第一，针对欧盟成员国之间交易的增值税建议。欧盟内部成员国之间交易的增值税处理近似于联邦国家中对次国家级政府之间交易的增值税处理。只是成员国之间的增值税需要遵循欧盟统一的增值税第六指令。不过，并不存在运行于欧盟成员国之上的一个"中央"层次的增值税。因此，欧盟的问题与在一个国家内实现次国家级政府增值税所遇到的问题类似，欧盟也一直致力于解决欧盟成员国之间交易的增值税问题。

目前，欧盟对此类交易采用的是目的地原则，具体操作上使用的是延期支付方法。当进口商再次销售其产品时，投入中的进口部分不予抵扣，使得进口部分征收增值税的过程被延迟到商品下一环节的销售阶段，只有在它们重新被销售或者用进口部分生产出的产品被进口商销售时才能征收进口部分的增值税。显然，运行这一系统需要进口商区分来自欧盟外的进口和来自欧盟成员国的进口。为了加强管理，从1993年起，出口到其他成员国的零税率的出口要求提供买方增值税代码，实现欧盟内部的税收信息交换。但是，欧盟成员国之间贸易偷税的问题仍然较为严重。为此，一些学者给出了相关建议，主要包括VIVAT、DVAT、建立清算系统或成员国之间设置代理机构等方式。

VIVAT（variable integrated VAT）对欧盟内部交易采用目的地原则课税[①]。在 VIVAT 下，增值税完全由成员国设计和管理，没有欧盟水平的增值税。VIVAT 要求成员国对成员国内部和成员国之间的与注册纳税人的交易适用统一的税率，以便保持增值税链条在欧盟内部的完整。但是对个人的销售，成员国可自行设定税率，保留了成员国对与最终消费者的交易的税率制定权。VIVAT 对与欧盟以外的交易仍然适用零税率。因此，出口商需要将销售区分为三类：与欧盟内注册纳税人的交易、与欧盟内非注册纳税人的交易以及与欧盟以外的交易。为了实现对内部交易实行目的地原则，VIVAT 需要建立一个清算系统，实现不同地区间的收入分配。VIVAT 允许注册纳税人作为购买方在目的地进行抵扣，其收入的损失通过清算系统，由出口地区将出口前的税收收入转移给进口地区。如果有一个代理机构完成企业之间的征税与退税，清算并不会很烦琐。

DVAT（dual VAT）是解决欧盟内部税收边界问题的另一条思路。伯德和金德伦（Bird and Gendron，1998）提出，DVAT 是一种双元增值税模式。在 DVAT 下，省级政府拥有一定的税基和税率制定权，DVAT 只由省来管理。中央与省两个层次的跨境交易都采用目的地原则。省之间的销售和出口外国一样，实行零税率。从其他省进口的产品在下一阶段再销售时征税，也就是适用延期支付系统。DVAT 不需要进行收入清算，但是，注册纳税人必须自我区分其是否属于从外省购买。

为了实现商品自由流动与取消欧盟内部税收边界的目标，还可以构建清算系统来分配跨境交易的税收收入。对出口征税，允许进口商以出口国的税率抵扣，基于消费统计数据来分配收入，或者在成员国之间增设代理

---

① Keen. VIVAT，CVAT and All That：New Forms of Value – Added Tax for Federal Systems［J］. Canadian Tax Journal，2000，48：409 – 424.

机构。实现收入清算有两个基本条件：一是对欧盟内部所有交易应用统一的常规税率和低档税率；二是成员国以统一的方式解释和应用增值税。在这些先决条件的基础上，增值税在产地征收，税款直接支付给目的地成员国在产地的代理机构，实现在没有清算系统的情况下税收直接进入目的地国家。

第二，针对印度的增值税建议。与建议采用双元增值税不同，在1994年印度税收改革讨论会上，波达尔（Poddar）针对印度的增值税问题，提出了只建立次国家级政府增值税的方案PVAT。PVAT的主要特点是，当企业从其他州购进货物时，为了货物可以从外州公司运输到本地，要产生两个部分的支出：一是支付给销售方的税前价格；二是向目的地州缴纳的税收。PVAT要求，当销售方收到完税证明后，产地州才对取得预先支付证明的交易实行零税率。如果销售方未收到买方的完税证明，那么，将以产地税率对其交易征税。遵从成本由购买方承担。需要经常从外州购进的公司可在政府机构注册，并开设一个"特别PVAT账户"。此账户只用来缴纳跨州交易的税款。PVAT要求的仅仅是增加一个目的地州的纳税证明。在PVAT下，产地州与目的地州都会有动力管理跨州交易。产地州关心目的地州是否收到货款，以便决定对跨州交易是否实行零税率；目的地州同样关心其跨境交易的税款缴纳情况。

第三，针对巴西的增值税建议。其中，小船模型（little boat model）与CVAT（compensating VAT）是针对巴西征收次国家级政府增值税提出的两种代表性方案。为了解决跨州交易零税率引起的避税与逃税，瓦尔萨诺（Varsano，2000）提出了小船模型，建议除了征收州水平的增值税外，再实行一种仅仅对跨州交易征税的联邦增值税。也就是说，瓦尔萨诺建议用一种双元（联邦和州两级）的适用目的地原则的增值税代替巴西联邦的

IPI、州的 ICMS 和市的 ISSS，跨境交易的税收收入由中央政府分配给目的地州。之所以将瓦尔萨诺的模型称为"小船模型"，是因为瓦尔萨诺的模型使用联邦增值税（对跨州交易征税），即在州之间"运输"州的增值税，跨州交易的进口方可以要求抵扣跨州交易的联邦增值税。这一系统不需要在州之间进行税收清算。出口的州无法得到跨州交易的税收收入，进口的州也不会因抵扣而损失税收收入。也就是说，联邦对跨境交易的增值税只起到"运输"税收收入的作用。在税收征管上，瓦尔萨诺的双重增值税要求注册纳税人将销售收入分为四类：州内销售、销售给其他州的注册纳税人、销售给其他州的非注册纳税人以及巴西境外的出口。

麦克卢尔（2000）修正了小船模型，提出 CVAT，建议联邦增值税、州增值税与 CVAT 并存。联邦和州的增值税税基统一。州的增值税适用于州内销售，对跨国与跨州交易实行零税率，对进口采用延期支付。CVAT 的税率统一，由联邦增值税的单独部门管理，仅处理跨州交易。税收管理统一，联邦政府管理州增值税、联邦增值税和 CVAT。CVAT 从注册纳税人征收，返还给注册购买者，州和联邦都不享有 CVAT 收入。联邦增值税对跨州交易实行目的地原则。跨州交易中每个注册的纳税人必须缴纳跨州贸易的 CVAT。每个注册纳税人从其他州进口并用于课税行为的投入，可以要求 CVAT 抵扣，作为 CVAT 的进项税。州的注册纳税人必须区分销售是对州内还是对州外，而不用区分购买者是否为注册纳税人。

由于不区分注册纳税人和非注册纳税人，消费者和非注册纳税人跨境购入商品需缴纳 CVAT，而不用缴纳其所在州的增值税。所以，这可能鼓励消费者和非注册人邮购。关键要看 CVAT 和当地的州的税率孰高孰低。如果州的税率高，那么他们倾向于邮购，反之，则倾向于本地购买。由于电子商务很难确定购买者的地点，麦克卢尔将 CVAT 作为处理"互联网数据交易"的工具，建议对这些交易征收 CVAT。为了适应欧盟的情况，麦克卢尔认为，即使牺牲管理成本，CVAT 和联邦增值税也应是独立的税收。

表 6-1 是对上述代表性方案主要特点的一个小结。

表 6-1　次国家级政府增值税代表性方案的特点

特点	DVAT	VIVAT	CVAT	PVAT
性质	次国家级增值税与国家级增值税并存	只有次国家级增值税，但实际等价于一个国家级增值税与一个次国家级零售税	除次国家级增值税与国家级增值税外，还有一种跨省交易税 CVAT	只有次国家级增值税
税率自主权	是	部分（保留对个人最终消费的税率制定权）	是（但省要同意 CVAT 的税率）	是
管理成本	中等	低	高	低
遵从成本	较高（跨省交易要申请退税）	较高（区分注册纳税人与非注册纳税人）	较高（需要区分跨省与省内交易）	中等（需要支付证明）
需要中央管理	否	否	是	否
需要单独管理	否	否（但如有单独部门管理跨境交易，征管简便）	是（需要只处理跨省交易的部门征收 CVAT）	否
需要省之间管理合作	有限	是（注册纳税人的审核）	否（都由联邦征收）	是（需要缴税证明）
收入分配	独立	独立	独立	独立
需要清算机制	否	是	可能（对于注册纳税人无须清算；对于非注册纳税人的 CVAT 要分配给目的地省）	否

特点	DVAT	VIVAT	CVAT	PVAT
对内部跨境交易特殊对待	是	否（因为需要区分注册与个人，不是省内、省外）	是（要区分，跨省征收 CVAT，省内征收当地省的增值税）	是（跨省而有证明的，实行零税率）
内部跨境交易原则	目的地（延期支付）	目的地	目的地（延期支付）	目的地（预先支付）

注：表格中的次国家级政府以"省"代表。

从表 6-1 中可以看出：在税率设计上，这几种方法基本保留了次国家级政府的自主权。从其本质性质看，VIVAT 与 PVAT 更为相近，以次国家级增值税为主；而在 DVAT 与 CVAT 下，次国家级增值税与联邦级增值税并存。除 CVAT 单独跨境交易的设置外，二者的主要区别还表现于，DVAT 由次国家级政府征收，CVAT 由联邦征收。征管成本，CVAT 最高。由于需要区别不同交易或者不同纳税人，所以这几种方案的纳税人遵从成本都较高。只有 CVAT 需要由联邦统一管理，但也只有 CVAT 不需要州之间的管理合作。在收入分配上，都保留了次国家级政府的独立性。VIVAT 需要对跨省交易进行清算，将收入分配给目的地省；如果跨省交易的买方是最终消费者，则 CVAT 也需要清算 CVAT 的收入；其他两种税制无须清算。四种形式的增值税中，只有 VIVAT 不需要单独区分跨省交易，但需要区分注册纳税人与非注册纳税人。在对待跨省交易的管辖权的问题上，四种税都采用了目的地原则。不同的是，DVAT 与 CVAT 使用延期支付办法，而 PVAT 需要先缴纳增值税而后才能享受出口零税率。

下面，我们通过一个模型，简单说明次国家级政府四种代表方案的具体实现方式。

基本模型假设：M 省与 N 省是一个联邦国家的两个次国家级政府。A

与 B 为 M 省的公司，C 为 N 省的公司。注册纳税人 A 公司销售价值 100 的货物给注册纳税人 B 公司。鉴于主要目的是了解跨境交易的处理方式，假定 A 公司没有任何进项税。B 公司的产出 150 完全销售给 N 省的 C 公司。假定 B 公司除了从 A 公司购入中间投入，没有其他投入。C 公司将所有产出 200 全部在省内销售。C 公司也只从 B 公司购入。所有数字都不含增值税。具体情况如图 6 – 1 所示。

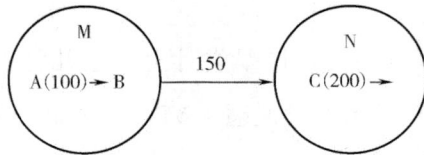

图 6 – 1　次国家级政府跨境交易示意图

根据上述条件，计算四种方案下 A 公司、B 公司、C 公司的缴税情况与征税主体（联邦、M 省、N 省）的税收收入，可以理解四种方式的运行机制。模拟结果表明：最终纳税人水平从高到低为：DVAT（46.4），CVAT（44），PVAT（24），VIVAT（20 或 24）。在目的地原则下，产地省（M）不享有增值税收入。在销售给注册纳税人的情况下，CVAT 不产生最终税收收入。DVAT 与 CVAT 产生联邦税收收入，PVAT 与 VIVAT 的收入完全为目的地省所有。具体如下：

（1）DVAT。假定联邦增值税税率为 10%，产地省（M）为 8%，目的地省（N）为 12%。省的税基包含联邦增值税。跨省交易实行零税率，即适用目的地原则；省内交易征收联邦增值税与当地省的增值税，两级税收的征管都由省负责，之后将联邦增值税收入转移给联邦。在这些条件下，DVAT 的征税情况如表 6 – 2 所示。

（2）VIVAT。假定在产地省（M）对最终消费者的税率为 8%，目的地省（N）为 12%。二省对注册纳税人实行统一税率 10%（联邦内统一）。P 和 R 分别代表最终消费者（非注册纳税人）和注册纳税人。具体情况如表 6 – 3 所示。

（3）CVAT。假定联邦增值税税率为 10%，产地省（M）为 8%，目的地省（N）为 12%，CVAT 税率为 10%。联邦增值税、省的增值税以及 CVAT 都由联邦负责征收，而后将收入分配给各省。结果如表 6 – 4 所示。

（4）PVAT。假定产地省（M）增值税税率为 8%，目的地省（N）为 12%，跨省交易适用目的地原则。具体情况如表 6 – 5 所示。

表 6－2　DVAT

交易(总值)	公司	销项					进项					净税收入		
		联邦	M省		N省		联邦	M省		N省		联邦	M省	N省
		收入	收入	征收	收入	征收	收入	收入	征收	收入	征收			
A→B(100)	A	100×10%=10	110×8%=8.8	10+8.8=18.8	—	—	0	0	0	—	—	10	8.8	—
B→C(150)	B	150×0%=0	150×0%=0	0	—	—	10	8.8	18.8	—	—	-10	-8.8	—
C→200	C	200×10%=20	—	—	220×12%=26.4	20+26.4=46.4	0	—	—	—	0	20	—	26.4
合计	—	20		—			0		—		—	20	0	26.4

表 6－3　VIVAT

交易(总值)	公司	销项		进项		净税收	
		M省	N省	M省	N省	M省	N省
A→B(100)	A	100×10%=10	—	0	—	10	—
B→C(150)	B	150×10%=15	—	10	—	5	—
C→200	P　C	—	200×12%=24	—	15	—	9
	R　C	—	200×10%=20	—	15	—	5
清算*	—	—	—	—	—	-15	15
合计	—	—	—	—	—	0	20或24

注：* 15 是因出口产生的，由于 VIVAT 适用目的地原则，收入应转给目的地 N 省。

表 6 - 4　CVAT

交易（总值）	公司	销项 联邦征收 联邦收入	销项 联邦征收 M省收入	销项 联邦征收 N省收入	销项 CVAT	进项 联邦征收 联邦收入	进项 联邦征收 M省收入	进项 联邦征收 N省收入	进项 CVAT	净税收收入 联邦收入	净税收收入 M省收入	净税收收入 N省收入	净税收收入 CVAT
A→B（100）	A	$100 \times 10\% = 10$	$10 \times 8\% = 8$	—	—	0	0	—	—	10	8	—	—
B→C（150）	B	$150 \times 10\% = 15$	$15 \times 0\% = 0$	—	$150 \times 10\% = 15$	10	8	—	—	5	-8	—	15
C→国内（200）	C	$200 \times 10\% = 20$	—	$200 \times 12\% = 24$	—	15	—	—	15	5	—	24	-15
合　计	—	—	—	—	—	—	—	—	—	20	0	24	0*

注：*如果销售给注册纳税人，联邦和省都不享有 CVAT。如果销售给非注册纳税人，由于非注册纳税人无法抵扣，会产生 CVAT 收入，根据目的地原则，可将收入分配给目的地省。

表 6 - 5　PVAT

交易（总值）	公司	销项 M省	销项 N省	进项 M省	进项 N省	净税收 M省	净税收 N省
A→B（100）	A	$100 \times 8\% = 8$	—	0	—	8	—
B→C（150）	B	$150 \times 0\% = 0$	—	8	—	-8	$150 \times 12\% = 18^*$
C→200	C	$200 \times 12\% = 24$	—	—	—	0	$(200-150) \times 12\% = 6$
合　计	—	—	—	—	—	0	24

注：*需要先缴纳跨省交易的税收 18，取得完税证明后，提交给 M 省，M 省才对 B 的跨省交易适用零税率。

7 增值税的几个特殊问题

对于开征增值税的国家而言，总会被增值税的几个特殊问题所困扰，如房地产业、金融业、政府与非营利组织及小企业的增值税问题，服务的供给地点的问题。实际上，但凡涉及增值税的专著，或多或少都会涉及这些问题。对于增值税的这几个特殊问题，很难找到一个令人完全满意的答案。除受征管因素影响之外，本章认为，明确增值税税基的性质是一个关键问题。

一个国家计划开征增值税，首先需要确定的是税基。是选择生产型增值税、收入型增值税还是消费型增值税？如果选定消费型增值税，则意味着，应将税基锁定为最终消费。那么，对房地产业、金融业、政府与非营利组织及小企业如何课税？服务的供给地点如何确定？这需要我们从消费型增值税税基本身的特征出发，即从最终消费的角度理解上述问题。这正是贯穿本章始末的一条主要线索。

7.1 房地产业（不动产）的增值税问题

7.1.1 房地产业

对个人而言，住房支出是个人消费支出中的主要组成部分；对企业来说，购置厂房、土地等的支出是其成本的主要构成部分。无论是住房、厂房还是土地，都可以归属于房地产业或不动产业。严格地说，不动产的范围要大于房地产。不动产是指那些因移动而折损其价值的物，包括土地上的房屋、桥梁、地下排水设施等建筑物，生长在土地之上的尚未采摘、砍伐和收割的植物也属于不动产的范围。在实践中，一些价值较大、办理物权变更时需要进行相关登记的飞机、轮船等，也被视为不动产。土地是否属于不动产在各国有不同规定。在宏观统计中，则多使用房地产一词。在研究房地产业的税收文献中，不动产与房地产并未严格区分。本章多数情况下使用"房地产"一词，其内容主要包括土地的开发，房屋（厂房、住房）的建设、维修、管理，房屋使用权的买卖、租赁，土地使用权的有偿划拨、转让等。

7.1.2 房地产业的消费定性与课税难点

房地产业包含内容众多。对房地产的建设、维修、维护以及租赁等服务征收消费型增值税并不难理解，难点在于如何理解对房地产的销售与土地使用权转让征收消费型增值税。对住房的销售征收消费型增值税，主要是因为，购买用于个人居住的住房，可将购买者的行为视为对其自身提供居住服务。虽然住房本身不是服务，但是对其消费过程可以视作消费服务，等同于自我提供长期租赁服务，因此，应对住房的销售征收消费型增值税。同样，土地本身并不是消费品，似乎不应包含在消费型增值税的税基之中。但是，如果土地产生消费服务，那么，就应当对其转让等行为征收消费型增值税。

对房地产征收消费型增值税，其本质目的不是对存量征税。流转税、所得税与财产税的基本分类表明，一般流转税本质上是对流量而非存量征税。对房地产征税，是因为它可以被视为提供相应服务。对于房地产这样可以跨期提供服务的特殊项目来说，理想的方式不应当是按照购买的价值征税，应当依据服务的价值征税，但实现起来是很困难的。考虑到征管上无法实现，次优的办法是，假定住房的售价可以代表未来服务的贴现，以房地产的销售价格为依据征收消费型增值税。

由于房地产所包含的内容差异较大，对房地产课征消费型增值税也应有所差异：

（1）生产过程中使用的建筑物（厂房）。如果企业为了生产租用厂房，那么，该租赁服务作为生产过程的一个进项，应同其他进项一样给予抵扣。如果厂房为生产者所有，即为自用厂房，则应视为提供长期租赁服务，在购买时缴纳的税款应允许抵扣。如果没有发生销售，应当给予退税。但是，区分生产与消费、投资与消费在实际征管中都将遇到很大困难。首先，区分土地与建筑物的商业用途与居住用途会遇到一定困难。例如，用于生产目的的商业建筑，可以包括难以转为其他用途的厂房，也可以包括被免税部门使用的办公建筑，甚至有些办公室建筑还可以转变为公寓的组合物。房地产既包括投资因素（生产性质），也可以用来使用（消费性质）；既可以用作商业用途，也可以用于居住。对居住而言，购买者可以自住，也可以出租。出租过程可以附加一定服务，这与酒店类似，也可以没有这些附加服务。这些内容使得判断房地产业的消费性质变得十分复杂。对这些建筑物征税，会产生较高的征管成本。其次，房地产的每一次销售可能产生增值，我们很难准确区分增值部分所包含的投资（储蓄）因素与消费因素。因此，有学者建议，"对所有的都征收，不区分用途。当再次销售时，非纳税人承担税款，税负传递，当再次销售给纳税人时，开启抵扣机制"①。根据上述分析可以想象，在房地产的消费型增值税的实

---

① Schenk A，Oldman O. Value Added Tax：A Comparative Approach ［M］. Cambirdge：Cambridge University Press，2006：429.

践中，可能存在包括免税在内的多种征收方式。

（2）住房的购买、使用与租赁。最理想的做法是，所有拥有或购买住房的自然人和法人都作为消费型增值税的纳税人。购买的同时，购买者变成居住服务的提供者，租赁则收取租金，自住则视为自我提供服务。购买时缴纳消费型增值税，实行消费型增值税，可以抵扣或退税。如果将房屋出租，那么对租金征收消费型增值税。如果自己居住，则购买者同时也是最终税负的承担者。对于出租人而言，缴纳税款时，可以抵扣修理、维护等进项税。但是，这样的做法需要房地产的业主进行登记并估算其租金金额，这在管理和操作上有很大困难。如果对自用住房不征税，而对租用征税，则将产生扭曲效果，在税收上鼓励购房。而且，对数量众多的出租服务征税，同样很难管理。因此，一个可能的选择是，对提供住房服务免税，无论是对承租人的租金还是对自住估算的租金，都不征税，而对新建建筑物征税，这相当于对未来提供的服务预先征收了税款。

（3）建筑服务，包括建筑材料的销售以及建筑物的建造、维护和维修等建筑活动。对这类建筑服务，应当征收统一的消费型增值税。由于建筑材料、建造、维修与维护服务之和等于新建建筑物，因此，对新建建筑物征税等于对建筑材料与建筑服务同时征税。如果对新建建筑物实行的税率不同，那么，其中的建筑材料和建筑服务的税收将和其他相似服务在税收上产生差别，其后果是产生扭曲效应，增加管理困难，甚至为逃税与避税提供可乘之机。理想的征收方式是保持新建建筑物与广义上的建筑服务在税收待遇上的一致性。新建建筑物应在竣工时被征税；提供租赁服务，应对租金征税，并且购买时可以以进项抵扣。如果购买方是最终消费者，那么，购买者就是一般消费税的最终承担者。征管因素对建筑服务的影响较小。因此，在各国实践中，同房地产业的其他项目相比，对建筑服务征收消费型增值税可能不会存在严重差异。

（4）土地。当土地提供的是生产服务时，消费型增值税的处理应同厂房一样。如果提供的服务是消费性的，如提供打猎或宿营服务，对这类土地的征税应当同提供住房服务相同。不能简单地认为，土地不是消费品，就不对其征收消费型增值税。对土地征收消费型增值税，还涉及另一个问题。如果认为土地不是生产投入，土地的供给是固定的，对所有权征税是对经济租金征税，那么，相应地，税收可能根据土地的价值被资本化，不受任何经济行为的影响。依据这一思路，不应对土地征收消费型增值税这样的一般消费税，而应对土地或土地价值单独征收特定税种。在对土地征收消费型增值税的问题上，存在一定争议。

7.1.3 对房地产业课征消费型增值税的国际经验

各国通过以下两种方式对房地产业课征消费型增值税：①免税法。欧盟增值税第六指令规定，对不动产的销售和出租免税，对已存在的房地产提供的服务免税。但是建筑材料的销售、建筑物的新建及对现有房屋的改建、修理与维护是应税行为。除酒店和假日宿营地、停车场、永久安装的机械设备以及保险箱的租赁之外，出租已使用的不动产免税。当免税不动产变为应税对象时，其进项税可以在 5～20 年进行调整。已使用不动产的销售均属于免税范围。纳税人可以自主选择是否登记。考虑土地不如建筑物交易频繁，以及土地常被用于农业等免税行业，欧盟增值税第六指令规定建筑用地以外的所有土地都免税，对未改造的土地也免税。②征税法。新西兰、加拿大等国家对不动产的销售和出租征收消费型增值税，但是对住房的租金（包括自用时的估算金额）及二手住房的销售额免税。对所有建筑物的修建、改造、维护行为以及商业用房的出租征税。销售的建筑物只有在属于居住用时才可享受免税待遇。新西兰与加拿大对土地普遍征税，只对农用土地免税。无论是免税法还是征税法，各国对已存在的房地产所提供的住房服务都免征消费型增值税。

征税法与免税法的划分也只是一个大体分类。房地产业包括项目众多，在实践中，各国不得不根据本国房地产业税收的客观情况，对标准的消费型增值税模式进行相应调整。表 7－1 是部分国家房地产业不同项目的消费型增值税的基本情况①。

表 7－1　部分国家房地产业不同项目的消费型增值税的基本情况

国　家	建筑活动			租赁活动		买卖活动		
	建筑材料	维修、维护	新建建筑物	居住用不动产	非居住用不动产	居住用不动产	非居住用不动产	替代税种（税率）（％）
奥地利	S	S	S	L	S	E	E	财产转让税（3.5）
比利时	S	S	S	E	E	E	E	注册登记税（12.5）
丹　麦	S	S	S	E	E	E	E	无（但有印花税）
芬　兰	S	E	E	E	E	E	E	无（但有印花税）
法　国	S	S	S	E	E	E	E	注册登记税（6.9～18.6）
德　国	S	S	S	E	E	E	E	财产转让税（2）
希　腊	S	S	S	E	E	E	E	注册登记税（9）
爱尔兰	S	L	L	E	E	E	E	无（但有印花税）
意大利	L	S	S	E	E	E	E	注册登记税（8）
卢森堡	S	S	S	E	E	E	E	注册登记税（10）
荷　兰	S	S	S	E	E	E	E	财产转让税（6）
葡萄牙	S	S	E	E	E	E	E	注册登记税（8～10）
西班牙	S	S	L	E	E	E	E	注册登记税（6）
瑞　典	S	S	S	E	E	E	E	无（但有印花税）

① 有关房地产业的事实材料主要参考：图若尼．税法的起草与设计［M］．国际货币基金组织，国家税务总局政策法规司，译．北京：中国税务出版社，2004：257－263.

国家	建筑活动			租赁活动		买卖活动		
	建筑材料	维修、维护	新建建筑物	居住用不动产	非居住用不动产	居住用不动产	非居住用不动产	替代税种（税率）（%）
英 国	S	S	Z	E	E	E	E	无（但有印花税）
加拿大	S	S	L	E	L	E	L	无
冰 岛	S	S	S	E	S	E	S	无
日 本	S	S	S	E	S	E	S	财产转让税（4）
新西兰	S	S	S	E	S	E	S	无（但有印花税）
挪 威	S	S	S	E	E	E	E	无
土耳其	S	S	S	E	S	E	S	财产转让税（4）

注：S——标准税率；E——免税；L——低税率；Z——零售税。

资料来源：图若尼. 税法的起草与设计［M］. 国际货币基金组织，国家税务总局政策法规司，译. 北京：中国税务出版社，2004：256.

第一，建筑活动，包括新建建筑物、维修与维护、销售建筑材料。爱尔兰对所有建筑、居住和非居住的不动产都适用低税率（13.5%）。英国是唯一一个对新建建筑物实行零税率的国家。在英国，新建住宅的首次销售适用零税率，随后的销售是免税的。德国和葡萄牙对新建建筑物免税，但对新建建筑物的买卖征收注册登记税。在具有财产转让税的几个国家中，新建建筑物的买卖是免征消费型增值税的。在芬兰和瑞典，在房屋销售之前，开发商不得不因为其自我供给行为而缴税（可以抵扣）。在丹麦，销售方要承担开发者的进项税。法国和西班牙对住宅的买卖适用比新建住宅的低税率还要低的税率。

大部分国家采取与建筑材料相同的方式对维修和维护服务征税。维修和维护服务通常适用标准税率。并不是所有国家新建建筑物的税率与建筑材料和服务的税率都相同，如英国和加拿大。瑞典曾经对新建住房按标准税率计算应纳税额，在征收时按应纳税额的一半征收，1992年改为全额课税。

多数国家对建筑材料都适用标准税率。多数欧盟成员国对非建筑用地都是免税的。尽管 2006 年欧盟增值税第六指令规定建筑用地应当征税，但还是有 14 个成员国将建筑用地与其他用地一样给予免税。部分成员国允许开发商选择是否缴税。

第二，租赁活动，包括居住与非居住。考虑到征管成本与征管的实现，没有一个国家对自用住房以估算租金的方式征税。除奥地利与卢森堡外，几乎所有国家对住房的出租都免征消费型增值税。奥地利住房租金适用 10% 的低税率。出租人自建或购买居住用房时已缴纳增值税，这意味着，出租人和自用房屋的业主都要承担房屋维修和改进活动需要缴纳的增值税。虽然欧盟增值税第六指令规定对非住房出租免税，但有 10 个成员国对非居住性不动产征税。几乎所有的成员国都允许自愿选择是否登记。

除加拿大、冰岛、日本、新西兰和土耳其外，其他国家的非居住用房地产（商业用、农业用、政府使用的土地及建筑物）租赁与居住用房地产租赁的税收处理相同。原则上，房屋租赁不需要缴纳消费型增值税。为减少重复征税效应，多数国家允许出租人自愿登记，但前提是承租人也进行登记。一经选择，不可撤销。但是，比利时、法国和意大利对商用不动产租赁和买卖课税。

第三，房地产的买卖，包括居住与非居住。尽管欧盟增值税第六指令规定销售使用过的居住和非居住房地产都是免税的，但是，保加利亚、匈牙利、意大利与波兰的免税十分有限。在法国，房地产商从事房地产销售行为是要征税的，但通常仅限于商业的范畴。所有国家对居住用的二手房买卖均不征税，绝大多数国家对其他用途的二手房交易免税。法国比较特殊，法国以商业房地产交易中商人获得的资本收益为基础，课征较低的税率；允许抵扣维修活动产生的进项税，不过，买卖房产时缴纳的税款不允许抵扣。

多数国家允许企业自主选择是否缴纳非居住用不动产买卖的消费型增值税，部分国家对租赁服务也允许自主选择是否缴税。在这些国家里，允许自主选择是否缴税的前提是，销售者或承租人是消费型增值税的纳税人。欧盟的许多成员国对不动产的交易给予较为优惠的税收待遇，因此，对于这些国家而言，是否允许纳税人自我选择并不是特别重要。

在免税性质与商业用途之间发生转变时，部分欧盟成员国规定了一个为期 10 年的调整期限（从购买不动产之日算起）。如果 4 年后不动产的使用从免税行为变为应税行为，那么，可以抵扣原免税额中的 60% 。如果 7 年后对不动产的使用从应税行为变为免税行为，则需要缴纳原应纳税额 30% 的税款。意大利规定的期限是 5 年。新西兰没有对调整期限的限制。

第四，由于历史、法律、收入以及税收管理等原因，房地产的消费型增值税与财产转让税、印花税之间存在一定关联。多数国家（欧盟所有成员国）对新建和使用过的不动产的销售或出租都征收额外的税收，主要包括转让税、注册登记税或者印花税。转让税和注册登记税只是名字的区别（在爱尔兰和英国，转让税、注册登记税与印花税是等价的），而且都是对销售价格（流转额）征税。一般来说，这些税收收入不超过总税收收入的 2% ，但是，在比利时、塞浦路斯、希腊、意大利、卢森堡、马耳他、荷兰、葡萄牙与西班牙，这些税收收入占比较高。个别国家对房地产价值的增值部分征收不同的税。例如，丹麦对从房地产销售中的资本获利征税，西班牙对城市土地价值的增加部分征税。

许多成员国禁止同时课征消费型增值税与转让税。塞浦路斯、德国、荷兰与西班牙就规定，如果对不动产交易征收增值税，则不再征收转让税。在比利时与意大利，如果征收增值税，则需要降低其注册税的税负。与上述情况相反，在卢森堡，无论是否征收消费型增值税，都对不动产征收

6%的转让税。9个国家对住宅的出租征收转让税和印花税。奥地利、爱尔兰、西班牙以及英国对企业商用不动产的租赁同样课征转让税。通常而言，租赁服务的税基是总的租金。英国与爱尔兰征收的印花税的税基为年租金。

从各国征收消费型增值税的实践情况看，房地产业内容众多，不同项目之间差异较大，使得各国房地产业消费型增值税的规定十分复杂。只有部分国家（爱沙尼亚、匈牙利、立陶宛与波兰等）对房地产征税的处理符合较为理想的消费型增值税要求。欧盟增值税第六指令中有关房地产的规定与理想模式之间有两个不同之处：①指令规定，原则上对所有使用过的房地产的销售免税而非征税；②除意大利外，欧盟成员国对非建筑土地免税而非征税。

由于对非市场行为征税以及对存量估算当期流量征税不具有征管上的可行性，各国房地产业的消费型增值税主要是对市场交易行为课征，而非根据当期消费服务的价值课征。如果说消费型增值税对市场交易征税的征收机制是增值税的精髓，那么就不应将消费型增值税仅仅看作一种对消费征税的方法。为了发挥消费型增值税的公平与效率特点，在保证征管简便的条件下，几乎所有国家都对出租住房免税，对新建住房征税。为了避免扭曲与征管上的复杂性，各国基本采取对建筑活动、不动产的租赁及销售同等课税的改革思路。

在引入消费型增值税时，各国对现有住房的销售都免税。如果消费型增值税对所有住宅的初始销售征税，可以减弱引入增值税时对住房所有者的税收优惠。这一方式要求住房所有者必须对现有住宅进行登记。不仅如此，要使消费型增值税的抵扣机制发挥作用，现有住宅的使用者还要保留维修、维护的发票，作为销售时抵扣税款的凭证。显然，这在征管上很难实现。因此，出于征管的考虑，各国对现有住房的销售都采用免税的方式。

7.2 金融业（包括保险业）的增值税问题

7.2.1 金融业

同房地产业一样，金融业也是个很宽泛的分类。根据研究侧重点的不同，对金融业有不同角度的细分方式。可以将金融业分为非保险类金融业与保险类金融业两个大类，也可以从对价角度将金融业的业务划分为隐性收费业务与显性收费业务两类。隐性收费通常隐匿在利息、保险费等形式的差价中，其表现形式与服务之间存在非对等关系。显性收费主要针对咨询服务、租用保险箱服务等，此类服务价格与相应的金融服务往往具有对等关系。借贷、保险等业务属于金融机构的核心业务，显性收费业务多属于金融机构的附属业务。

7.2.2 金融业的消费定性与课税难点

研究金融业的消费型增值税，首先要判断金融业的消费性质。对于金融业性质的判断，理论上存在一定分歧。一种观点认为，不应当对金融业征收消费型增值税，原因有二：①金融服务的使用者的目的是最大化其储蓄收益，而获得储蓄收益不应当被看作消费。既然购买金融服务的最终目的不是消费，自然也就不应对购买金融服务的行为征收一般消费税。②"金融服务并非增加个体的消费，而仅是促使个人消费在不同时期之间进行平滑。因此，只需要针对个体在不同时期的消费征收增值税即可，无须针对金融服务征税"①。不过，赞成对金融业征收消费税的观点更加普

---

① 汪德华，杨之刚. 增值税"扩围"——覆盖服务业的困难与建议［J］. 税务研究，2009(12).

遍。其核心观点是，金融服务可以作为消费服务。金融业通过收取对价服务费或者利息差的形式，向其客户提供中间服务。其客户可以是最终消费者，也可以是生产者。当被用于生产时，不需缴纳一般消费税；用于个人消费时，应当同与有形消费品一样，在消费时缴纳一般消费税。坚持金融业可以被消费者消费的观点是对金融业征收一般消费税的前提。尽管消费型增值税的计税方式不需要从征管上区分生产与消费的性质，但是，考虑到消费型增值税的一般消费税的本质，对服务的定性仍然十分必要。

如果对金融业征收消费型增值税，必须准确计算金融服务的增加值。对于显性收费业务来说，并不存在计税困难。因此，在讨论金融业增值税问题时，主要问题集中于隐性收费业务。在发票抵扣成为增值税的主要计税方式的条件下，难以准确计算金融业非对价性服务（隐性收费）的增加值成为增值税征收中遇到的一个征管难题。接下来，将分行业具体说明对金融业课征消费型增值税存在的困难。

第一，银行类金融机构的消费型增值税。资金的借贷业务是此类金融机构的核心业务。利息是实现借贷业务收入的纽带，是一种复杂的价格。从理论上看，利息代表资金的价格，并不完全是金融服务的价格。利息中含有资本的真实成本、通货膨胀因素和中间媒介的成本。如何准确计算利息中所包含的服务的价格是计算此类金融服务增值税的必要条件。实行消费型增值税时，对企业提供金融服务，企业可以申请进项扣税；对消费者提供金融服务，可以通过对金融机构征税实现对消费服务的征税。问题是，金融机构提供的贷款服务可能用于营业，也可能用于消费，区分两类服务存在一定困难。例如，"当农户取得贷款时，很难分清楚究竟是用于农业生产还是用于生活消费"①。因此，我们很难从利息中准确分离属于服

---

① 朱为群. 消费课税的经济分析［M］. 上海：上海财经大学出版社，2001：211.

务价格的部分。对此类以利息为基础的隐性收费业务而言，存在增值税的征管难题。

退一步说，即使是粗略地将利率差看作金融机构借贷服务的价值，也很难在发票抵扣的方式下，准确计算应纳税额。此类服务的总的销项税可以通过利率差得到，但却很难计算存款、贷款双方各自享受服务的价值。这是因为，没有银行类金融业时，资金供求双方需要根据特定利率自行完成资金的借贷交易。在经济规模与交易方式逐步成熟后，银行类金融机构成为借贷双方的中介，为借贷双方同时提供中介服务。一方面，银行向储户提供服务，为其资金存款人，并承担一定风险；另一方面，银行为贷款人提供服务，借出其所需资金。假定存款利率为3%，贷款利率为7%，那么，银行中介服务费用应为"本金×（7% - 3%）"，以其乘以增值税税率，即可得到银行类金融机构的销项税。可见，通过利率差计算总的销项税并不困难。

存贷款业务的增值税问题主要出现在进项税方面。存款人和贷款人在接受银行的服务时，需要取得进项税发票才能进行相应抵扣。银行只有分别计算对存款与贷款双方提供服务的价值，才能为双方提供进项发票。假定市场均衡，如果没有银行，则借款人与贷款人直接完成借贷交易，利率为5%。因为有了银行的中介服务，所以降低了存款人的风险与成本，存款人只能收取3%的利息，（5% - 3%）的差额反映了银行向存款人提供的服务。同样，贷款人多支付的（7% - 5%），是接受银行中介服务的代价。但是，5%的市场利率是一种理论假设，在实际运行中，无法准确计算没有银行中介服务时的资金供求相等的均衡利率，因而也就无法区分向存款方、贷款方各自提供了多少服务。从存款方、贷款方的角度看，他们自然无法取得计算购进服务时产生的进项税。

因此，由于对金融业服务收费是隐匿在某种差价之中的业务，难以计算增加值的征管困难可能迫使各国对消费型增值税进行一定调整。

第二，保险类金融机构的消费型增值税。保险是金融服务中另一个重要组成部分。讨论此类服务的消费型增值税，仍然需要从判断服务的消费性质开始。以消费的性质为标准，人寿保险有特殊性。人寿保险收取的保险费更多地被认为是投保人的一种储蓄行为。不考虑代际关系时，其保险收入不会转化为消费。因此，一般不建议对人寿保险征收一般消费税。

除人寿保险之外的保险，与其他银行类金融服务相比，同样有其特殊性。总体而言，保险业作为生产投入被使用，具有的是资本性服务的性质。消费型增值税对其征税，是因为道道计征的方式，最后实现的是对购买保险服务的企业所生产的最终消费品征税。这是理解保险业消费型增值税的基础。

对除人寿保险之外的保险征收消费税，最常见的形式是以保费为基础。但这不是因为保费收入是保险服务的反映，而是受到征管因素的影响。这首先是因为，我们无法准确计算保险服务的价值。其次，保费并非仅仅包含保险公司提供的服务，因而，不能准确反映保险服务的增值部分。保险公司的价值增值是"总的保费收入 + 净投资所得 − 赔偿的支付"。保费收入中有一部分用于支付未来的赔偿金。保险公司提供的中介服务主要反映的是其管理与抵抗风险的服务，而这仅是保费中的一个组成部分。所以，对保费征收消费税实际是过度征税。如果征管上无法准确计算保险服务的价值，那么，对保费征收消费税也不失为一个便于征管的方式。

7.2.3 对金融业课征消费型增值税的国际经验

各国在对具有隐性收费特点的金融服务征消费型增值税时，通常采取以下几类做法①：

第一，欧盟成员国对核心金融业务普遍实行无抵扣的免税。除了对一些直接收费的金融服务征收消费型增值税外，欧盟增值税第六指令原则上对金融服务免税，对金融服务的出口适用零税率，并允许纳税人根据需要选择放弃非保险类金融服务的免税，从而选择缴纳消费型增值税。具体内容由各成员国确定。例如，德国、爱沙尼亚、立陶宛和法国允许纳税人在征税与免税之间做出选择。经济合作与发展组织也基本采纳了欧盟增值税第六指令对金融交易免税的做法。

但是，对金融业核心业务免税也只是一个概括性判断，因为金融业覆盖范围广泛，涉及行业众多。细分行业的不同特点会在税收征管上有所体现。各国将充分考虑征管因素的要求，结合不同细分行业的发展情况，对其消费型增值税做出适当调整。不同国家的做法存在较为明显的差异。例如，金融服务并不在挪威的征税范围之中，墨西哥则对多数金融服务征税。经济合作与发展组织的一份研究报告详细总结了各成员国金融行业的消费型增值税情况。该报告将金融业细分为 27 个行业：货币结算、银行账户服务、跟单信用证、贷款、信用卡服务、金融担保、担保索赔、金融工具与股票交易、股票借贷（融券）、股息分配、期货、期权、掉期、承销金融工具、外汇交易、融资租赁、债务收取、债务保理、保管箱服务、咨询服务、人寿保险与再保险、非人寿保险与再保险、保险理算、损失理算、信托服务、基金管理、专业服务。从经济合作与发展组织成员国对这些行业的消费型增值税的处理方式上，我们可以深刻体会征管因素对消费型增值税的影响，这一影响带有较为明显的国别特征。具体情况如表 7-2 和表 7-3 所示。

---

① 关金融业的事实材料主要参考：Schenk, Zee. Treating Financial Services Under a Value Added Tax: Conceptual Issues and Country Practices [J]. Tax Notes International, 2001, 22: 3309-3316.

表7-2 经济合作与发展组织成员国对27个金融行业消费型增值税的课税情况（1）

国家	1 货币结算	2 银行账户服务	3 跟单信用证	4 贷款	5 信用卡服务	6 金融担保	7 担保索赔	8 金融工具与股票交易	9 股票借贷（融券）	10 股息分配	11 期货	12 期权	13 掉期	14 承销金融工具
奥地利	E	E	E	E	E	E	OS	E	E	OS	E	E/T	E	E
比利时	E	E	E	E	E	E	E	E	E	OS	OS	OS	OS	E
加拿大	E	E	E	E	E	E	E	E	E	E	E	E	E	E
丹麦	E	E	E	E	E	E	E	E	E	OS	E	E	E	E
芬兰	E	E	E	E	E	E	E	E	E	OS	E/T	E/T	E	E
法国	E	E	E	E	E	E	E	E	E	OS	E	E	E	E
德国	E	E	E	E	E/T	E	OS	E	E	OS	OS	E/T	E	E
希腊	E	E	E	E	E	E	E	E	E	E	E	E	E	E
匈牙利	E	E	E	E	E	E	E	E	E	OS	E	E	E	E
爱尔兰	E	E	E	E	E	E	OS	E	E	OS	E	E	E	E
意大利	E	E	E	E/T	T/E	E	OS	–	OS	OS	E	E/T	OS/E	E
日本	T	T	E	E	T/E	E	OS	E	E	OS	OS	OS	OS	T
卢森堡	E	E	E	E	E	E	OS	E	E	OS	E	E	E	E
墨西哥	E	T	E	T/E	T	OS	OS	T	T	OS	E	E	E	OS/T
荷兰	E	E	E	E	E	E	E	E	E	E	E	E	E	E
新西兰	E	E	E	E	E	E	E	E	E	OS	E	E	E	E

续表

国家	1 货币结算	2 银行账户服务	3 跟单信用证	4 贷款	5 信用卡服务	6 金融担保	7 担保索赔	8 金融工具与股票交易	9 股票借贷（融券）	10 股息分配	11 期货	12 期权	13 掉期	14 承销金融工具
挪威	OS	OS	OS	OS	OS	OS	OS	OS	OS	OS	OS	OS	OS	OS
葡萄牙	E	E	E	E	E	E	OS	E	E	E	E/T	E/T	E	E
西班牙	E	E	E	E	E	E	OS	E	E	OS	E/T	E/T	E	E
瑞典	E/T	E	E	E	E	E	OS	E	E	OS	E	E	E	E
瑞士	E	E	E	E	E	E	E	E	E	E	—	—	E	E
英国	E	E	E	E	E	E	OS	E	E	OS	—	—	OS	OS

表 7 - 3 经济合作与发展组织成员国对 27 个金融行业消费型增值税的课税情况（2）

国家	15 外汇交易	16 融资租赁	17 债务收取	18 债务保理	19 保管箱服务	20 咨询服务	21 人寿保险与再保险	22 非人寿保险与再保险	23 保险理算	24 损失理算	25 信托服务	26 基金管理	27 专业服务
奥地利	E	T/E	T	E	T	T	E	E	OS	T	T	T	T
比利时	E	T	E/T	E/T	T	T	E	E	E	T/E	T	E	T
加拿大	E	T	T	T/E	T	T	E	E	E	E	E	E	T
丹麦	E	T	T	E	T	T	E	E	OS	T	T	T	T
芬兰	E	T/E	T	E	T	T	E	E	E	E	—	E	T
法国	E	T/E	T	E	T	T	E	E	OS/T	T	T	T/E	T
德国	E	T/E	T	T/OS	T	T	E	E	OS	—	T	E	T

续表

国家	15 外汇交易	16 融资租赁	17 债务收取	18 债务保理	19 保管箱服务	20 咨询服务	21 人寿保险与再保险	22 非人寿保险与再保险	23 保险理算	24 损失理算	25 信托服务	26 基金管理	27 专业服务
希腊	E	T	T	T	T	E	E	E	E	T	T	T/E	T
英国	E	E	E	E	E	E	OS	E	E	OS	—	—	E
匈牙利	E	T	T	E	T	T	E	E	E	E	E	T	T
爱尔兰	E/OS	T	T	E	E	T	E	E/T	OS	T	T	T/E	T/E
意大利	E/OS	T/E	E	E	T	T	E	E	E	T	E	E	T
日本	E	T/E	T	T	T	T	E	E	OS	T	E/T	E	T
卢森堡	E/OS	T	T	OS	T	T	E	T	OS	T	E	T/E	T
墨西哥	OS/T	T	T	T	T	T	E	E	OS	T	T	E/T	T
荷兰	E	T/E	E	E	T	T	E	E	E	OS	T	T	T/E
新西兰	E	T/E	E	OS	T	OS	OS	OS	OS	T/E	OS	OS	OS
挪威	OS	T	OS	OS	T	T	OS	OS	OS	OS	OS	OS	OS
葡萄牙	E	T	T	E	T	T	E	E	E	T	—	E	T
西班牙	E	T/E	T	E	T	T	E	E	E/OS	T	—	E/T	T
瑞典	E/OS	T/E	T	E/T	T	T	E	E	E	T	—	T/E	T
瑞士	E	T	T	E/T	T	T	E	E	E	T	T	E	T
英国	OS/E	T/E	T	E/T	T	T	E	E	OS	T	T	T/E	T

注：T 是征收增值税，E 是免税，OS 表明该服务不在增值税征收范围之内，Z 是零税率。

资料来源：OECD. Indirect Tax Treatment of Financial Services and Instruments [R]. [S.l.]: [s.n.], 1998: 8-9.

第二，新西兰、澳大利亚、新加坡等国在对金融业征收消费型增值税时，采取了零税率、固定抵扣的免税或二者兼备的方式。总体上，新加坡、澳大利亚与欧盟一样，对于显性收费的相关服务征收消费型增值税，对于隐性收费的金融服务采用欧盟的方式实行免税。与欧盟增值税第六指令不同的是，新加坡与澳大利亚为了减轻免税可能带来的重复征税，在对核心金融服务免税的基础上，允许金融机构抵扣部分进项税款。两国在抵扣方法上略有不同。新加坡的抵扣方法有两种：特殊法（special method）和固定比例抵扣法（fixed input tax recovery method）。特殊法要求金融服务机构从免税服务中区分出向增值税纳税人提供服务的份额，可抵扣为提供这部分服务而发生的进项税款。其实质是，对销售给增值税纳税人的服务适用类似于零税率的办法。而固定比例抵扣法不需要区分其服务是否提供给增值税纳税人，只是根据金融服务的不同行业，采用固定比例进行抵扣。这只是一种根据征管需要而采取的近似方式，不同行业适用标准有所差异。澳大利亚对金融业货物与劳务税的处理与新加坡的不同之处在于，澳大利亚仅采用固定比例抵扣法，而且比例不因行业而变动，统一为25%。

第三，阿根廷对金融业征收增值税有三种处理方式，分别为低税率、宽税基（毛利息收入）与部分项目免税。阿根廷对金融机构提供贷款服务获得的毛利息收入征收增值税。也就是说，不能在应税的贷款利息收益中减去支付给储户的利息。但是，向金融机构贷款而享受其中介服务的增值税纳税人，可以依据其支付的利息而申请抵扣。阿根廷对金融机构的毛利息征税的办法扩大了金融业中介服务的税基。通过对部分金融服务实行低税率的方式，减轻了税基扩张带来的经济扭曲。阿根廷贷款的标准税率为21%，而对于适用《银行和金融机构法》的金融机构的税率仅为10.5%，借记卡与信用卡的利息收入适用税率分别是16%和18%。阿根廷对金融的免税主要体现为与消费无关的贷款活动。例如，对居民房屋贷款利息、某些养老金支付的利息等免税。总体而言，面对征管因素对消费型增值税理想模式的影响，阿根廷的处理方式较为复杂。阿根廷的金融业增值税实践情况充分说明，在受到征管因素影响时，不同国家可以根据本国情况，采取多种方式对理想模式做出调整。

第四，以色列计算金融业税基时没有使用常见的发票抵扣的"减法"，而是通过"加法"的方式计算税基。以色列对金融业服务征收一般消费税的方式与上述国家有明显区别，其计税依据是工资与利润之和。这一方式有效回避了通过减法方式计算金融中介服务增加值的困难，因为加法的方式并不需要将金融业务区分为直接收费与隐性收费两个类别。以色列对金融机构（包括非人寿保险公司）的全部价值单独征税，并且由所得税部门负责征管。金融机构无法抵扣其投入中所含增值税，购买金融机构服务的增值税纳税人也同样不能申请金融服务的进项抵扣。需要注意的是，我们不能就此判断以色列是从创新角度出发而采用加法的增值税方式。以色列采用这种方式有其历史原因。"以色列是从抵扣方式转为加法方式的。以色列曾于 20 世纪 70 年代对金融业征收增值税，允许由进项税额抵免，结果要求抵免者纷至沓来，招架不住，又增加不了多少收入，只得被迫中止。"① 可见，以色列的金融业增值税至少受到征管因素与收入因素的共同影响。

第五，现金流量法是消费型增值税的另外一种方式。该方法引发了理论界的热烈讨论，也曾进行过部分试点，但至今尚未被哪一国家采用。现金流量法的显著特点在于，该方法不需要区分显性收费服务与隐性收费服务。通过一个具体例子，简要介绍一下该方法的计税思想。现金流量法征

---

① 丁淼. 对金融服务业该不该征收增值税 [J]. 国际金融，1996（4）.

税的基础是现金流入总量，抵扣的基础是现金流出总量。假定存款利率为3%，贷款利率为7%，利率差为5%，税率为10%。对于存款业务而言，储户存款100（本金）时，现金流入总量为100，银行需要缴纳税收10（100×10%）。当储户取回本金100与利息（100×3%）时，现金流出总量为103，银行抵扣的进项税为10.3（103×10%）。因此，银行可获得0.3的抵扣。对于贷款业务来说，银行贷出100，现金流出总量为100，可申请抵扣10。在贷款方连本带利还款时，现金流入银行总量为107，需要缴纳税收10.7。因此项贷款业务，银行需缴纳税收为0.7。存款与贷款合计缴纳税收0.4，同理论上用利率差计算的增值税额［100×（7% - 3%）］相同。

总之，不同国家对金融业的消费型增值税采用了不同的调整思路与办法。因为这些方法的本质都是实践中对理想模式的变通，自然无法达到理想的消费型增值税的效果。实践中会面临各自的问题：

第一，欧盟对金融业的免税，会产生消费型增值税免税的重复征税问题。这是不可抵扣的免税无法避免的缺陷，除非免税的金融服务在最终消费环节被最终消费者购买。

第二，为了解决免税带来的重复征税问题，新西兰与澳大利亚在免税的基础上，允许一定程度的进项抵扣，甚至零税率。其中，固定比例适用于所有免税金融服务的进项税，省去了在应税服务、免税服务以及出口服务中分摊进项，计算可抵扣进项税额的步骤。因此，从征管角度看，固定比例进项税抵扣法要比特殊法简便许多。不同类型的金融机构提供应税服务与免税服务的比例不同，较之澳大利亚对所有金融机构使用统一的固定比例的做法，新加坡根据行业标准确定进项税的比例可能更为合理。

第三，为减少消费者需求、降低通货膨胀，阿根廷政府决定对毛利息收益征税。阿根廷的这种方法加重了最终消费者和从事免税经营的借款人的税负。因为对贷款收取的利息还包括其自身的融资成本，所以这笔利息远超过银行提供贷款中介服务的增值税额。需要特别强调的是，这一方法是根据阿根廷本国当时的经济目标而定的，充分体现了根据本国国情调整理想模式的思路。

第四，以色列对金融业的全部价值征税的方式较为特殊。这种方法相对降低了部分征管和遵从成本，因为该方法可以直接根据银行账户确定税基。但是，当金融服务的购买者不是最终消费者，而是增值税一般纳税人时，以色列的这一方法将比欧盟的免税法产生更为严重的重复征税问题。

第五，现金流量的方式解决了计算增值额的困难，但这一方法的根本问题在于，需要区分现金流是用于贷款还是用于投资。实际上，很难在实践中有效区分两种现金流。

至于如何在变通方式中做出选择，应根据本国金融业的发展和已有税制的情况而定。在无法完全克服征管因素的影响时，应尽可能选择能促进本国金融业的发展、解决本国税制改革特定问题的方式。

7.3　政府与非营利组织①提供服务的增值税问题

7.3.1　政府与非营利组织提供服务的消费定性与课税难点

政府与非营利组织提供的服务在服务业中占有重要地位。将政府与非营利组织提供的服务一并分析，主要是因为两种主体提供的服务在性质上

---

① 本书使用"非营利组织"一词时包括慈善组织。

有一定相似性。政府与非营利组织的主体有不同于一般企业的特性，使得对政府提供的服务与对非营利组织提供的服务征收消费型增值税时，需要考虑一些特殊问题。对消费型增值税而言，除服务供给主体的特殊性外，还需要对这类服务本身的消费性质有所判定。尽管在实践中这一问题从表面上看并不复杂，但是从理论上讨论清楚这类服务的消费型增值税并非易事。

政府提供的服务大体可以分为四类：第一类，为了收入与财富的再分配而进行的转移支付活动；第二类，不会与私人部门产生竞争关系的商品与服务；第三类，与私人部门产生竞争关系的产品与服务，但是定价低于市场价格；第四类，与私人部门有竞争关系的产品与服务，定价遵循市场原则①。

非营利组织提供的有些服务与私人部门也可能产生竞争关系，有些服务则更具有社会福利的性质。非营利组织所提供的服务同政府的部分服务有相似的性质。非营利组织所提供的这类服务的成本一般不会得到等价的经济补偿，具有一定的公益性。

总体而言，政府与非营利组织提供的服务有以下几个方面的特殊性：

（1）服务供给主体的特殊性。这种特殊性主要体现在以下几个方面：①由于政府是征税主体，对政府提供的服务征税，在财政收入上并不会将私人部门的资源转移到政府部门，只是政府账户的支出与收入发生变化。但这一过程将产生一定的征管成本，这些成本最终体现了对经济的扭曲，是税收的净损失。从征管成本的角度看，对政府部分活动不征税可能更为适当。②对于政府与非营利组织本身是否可以作为"消费者"而负担相应

---

① Schenk A, Oldman O. Value Added Tax: A Comparative Approach ［M］. Cambirdge: Cambridge University Press, 2006: 287.

的消费型增值税这一问题，理论上有不同观点。对政府本身是否可以成为消费主体，存在不同看法。讨论生产与消费通常是建立在生产者与消费者两部门经济模型之上的。政府本身是否应当成为消费型增值税的负税人，并无定论。如果政府被认为是最终消费的主体，那么，政府理论上可以成为消费型增值税的征税对象。如果将所有政府部门当作为其他消费者提供服务的中间部门，而不是最终的消费者，就应当对政府的供给征税，对政府从企业的采购扣税①。但政府供给的计算是十分复杂的。无论哪种看法，任何税收最终都要归属到个人，由于政府的资金来源主要是税收，政府所承担的"税负"最终被哪些纳税人所负担，是很难分析清楚的。即使在实践中出现了对政府服务的征税，应当也不是基于理论上承认政府的"消费者"身份。

（2）政府与非营利组织提供的服务的消费性质。服务的消费性质仍然是判断这类服务是否应当被课征消费型增值税的主要根据。一般认为，这类服务既可以向企业提供，也可以被个人所消费。被个人消费的部分就有理由进入消费型增值税的税基。政府的转移支付活动的接受方也可将其用于消费，但是，这只是一种资源的再分配，本身并不是购买、销售行为，也不会创造新的价值。不创造新的价值，就没有理由对政府的转移支付活动征收消费型增值税。

（3）政府与非营利组织提供的服务的外部性。无论是政府提供的服务，还是非营利组织提供的服务，如果这些服务具有一定的公益性，那么，考虑到它们可能产生的正的外部效应，通过一定的税收优惠进行补偿是一种选择。这主要是从效率角度出发考虑的。

---

① Schenk A，Oldman O. Value Added Tax：A Comparative Approach ［M］. Cambirdge：Cambridge University Press，2006：287.

（4）政府与非营利组织提供的服务与企业的竞争关系。如果服务与企业的正常市场经济活动形成竞争关系，根据税收中性原则的要求，应对其正常征税以减小对市场行为的扭曲。这涉及一个标准问题：什么才算与市场经济形成竞争？或者说，如何区分营利性与非营利性组织？提供服务与支付价格之间是否具有对价关系是判断经营性活动的基本标准。当然，也可以借助一些其他标准。例如，目标不是为了经常性获取利润，获得的利润不进行分配而是用来进一步改进或延续该项事业，管理人员不能从所从事的活动中直接谋取好处，非营利组织所从事的免税销售不会使私人的纳税经销商处于不利地位，等等①。对于与正常经济活动没有竞争关系的服务不征税，包括政府的常规运作、管理职能、司法、维护社会秩序、国防等。因为这类服务与个人使用者通常没有直接的关系，所以个人也不需要为这些服务支付价款。因为无法准确衡量个人从这些服务中受益多少，所以其资金来源通常是税收，而非一一对应的收费。这体现的是消费型增值税在实际征管中对交易征税的本质特征。

那些接受补助而使其价格可以低于市场价格的服务，如基础教育、基本医疗等服务，多半具有一定公益性，能够产生外部正效用。从效率方面考虑，对这些服务似应给予一定的税收优惠。对可以与私人部门形成竞争关系的服务，包括邮政服务、通信服务、电力供应、煤气、水以及旅客运输服务，应与其他经济活动一样，同等征税。

（5）教育是有必要单独分析的一类服务。这不仅仅是因为教育具有一定的公共性，还因为在教育的性质判断上存在不同视角。从最终消费者的消费支出看，教育消费是居民消费支出的一个重要组成部分。如果认为教

---

① 泰特. 增值税——国际实践和问题［M］. 国家税务局税收科学研究所，译. 北京：中国财政经济出版社，1992：82.

育是消费，那么考虑到教育服务本身具有一定正的外部性，可以实行低税率的消费型增值税。对基于商业目的的专业培训的服务行为，应当征收普通税率。如果高等教育与其他领域越来越按照成本定价，那么，根据与市场的竞争关系，这些服务也应以正常方式被征税。但是，从其经济性质上看，通常认为教育支出是一种人力资本投资。如果将其看作人力资本投资，则不应将其纳入消费型增值税的税基之中。这与教育的公共性、提供主体的特殊性无关，而是消费型增值税的基本要求。至于各国在实践中坚持哪种观点，还需进行实践检验。

7.3.2　对政府与非营利组织课征消费型增值税的国际经验

根据政府与非营利机构提供服务的不同特点，对消费型增值税的思路也有所差异。

（1）欧盟对政府与非营利组织的消费型增值税采取了两类做法：

第一，将一部分政府机构排除在增值税征税范围之外，即这些机构不是消费型增值税的纳税人。欧盟增值税第六指令第四章第一条将"纳税人"定义为所有从事经济活动的个人。但是，该章第五条规定：国家、地区或者地方政府机关的其他机构以公权力机关的身份从事活动或交易，即使他们从上述行为中收取费用、报酬、收益或付款，不应将其视为增值税的纳税人。这一规定，实质上将以公权力身份从事活动或交易的公共机构排除在增值税征税范围之外。第六指令随后还对其做了补充说明，当这些交易严重损害市场竞争时，从事这些交易的公共机构也将被视为纳税人。对通常与私人部门提供服务形成竞争的交易也做出了明确规定，其中涉及服务的项目有电信、货运与客运、港口和机场服务、商品交易会、仓储服务、旅游代理服务以及商业性质的公共广播电视服务。从事上述活动的主体都将被视为增值税的纳税人。

第二，另一些活动虽然属于增值税的征收范围，但是，考虑到这类活动的特殊性，对公益性活动免税。欧盟增值税第六指令规定的一些公共利益性质活动的免税项目主要包括邮政（旅客运输和通信劳务除外）、医疗、与福利和社会保障工作密切联系的服务、某些慈善组织提供的青少年保护服务、交易、宗教、非营利组织向参加体育活动和体育教育的人提供的某些服务、文化、某些文化组织提供的一些文化服务、为残疾人提供的车辆运输劳务、非商业性质的公共广播与电视机构的活动等。为了不影响市场竞争，欧盟增值税第六指令通过附件形式单独列举了部分交易。对于所列举的这类交易而言，无论其提供主体是否是公共机构，都正常征收增值税。

（2）为了平衡经济效率与征管成本，有部分国家对政府与非营利组织的活动给予退税。加拿大的消费型增值税将政府机构、非营利组织或慈善组织当作纳税人，但是规定了免税项目，包括医疗、教育、社会福利、行政管理以及慈善机构提供的大部分服务，并且有些机构可以享受部分退税或零税率。退税资金来自政府的一般性预算收入。表 7 – 4 反映的是加拿大对不同主体提供服务的退税情况。

表 7 – 4　加拿大 GST，HST 与 QST 的退税情况表

组织性质	GST	QST	HST：NB	HST：NS	HST：NL
市政组织	100	0	57. 14	57. 14	0
大学	67	47	0	67	0
中学	68	47	0	68	0
公立学院	67	47	0	67	0
医疗机构	83	51. 5	0	83	0

续表

组织性质	GST	QST	HST：NB	HST：NS	HST：NL
公立慈善机构	50	50	50	50	50
非营利组织	50	50	50	50	50

资料来源：Gendron. How Should the U. S. Treat Government Entities, Nonprofit, Organizations, and Other Tax – exempt Bodies Ander a VAT［J］. Tax Law Reviews, 2010.

为了补偿政府机构或非营利组织不是增值税纳税人或者享受免税待遇时所承担的进项税款，少数欧盟成员国也允许政府机构与非营利组织在从事某些活动时可以申请抵扣进项税。具体内容如表7–5与表7–6所示。

表7–5 欧盟对公共服务的退税概况

有退税的国家	无退税的国家
奥地利、丹麦、芬兰、法国、荷兰、葡萄牙、瑞典、英国	比利时、保加利亚、塞浦路斯、捷克、爱沙尼亚、立陶宛、卢森堡、希腊、匈牙利、爱尔兰、意大利、拉脱维亚、西班牙、马耳他、波兰、罗马尼亚、塞尔维亚、德国

资料来源：KPMG. VAT in the Public Sector and Exemptions in the Public Interest［J］. Taxation Studies, 2011.

表7–6 欧盟部分成员国对公共服务的退税情况

国　家	享有退税的主体	涉及的交易	活动项目
奥地利	公共部门与私人实体	免税产出	医疗
丹　麦	公共部门与慈善组织	免税与非税产出	多数活动
芬　兰	公共部门	免税与非税产出	多数活动
	公共部门	免税投入	医疗、社会福利
法　国	公共部门	非税产出	固定资产投资
荷　兰	公共部门	非税产出	多数活动
葡萄牙	公共部门	免税与非税产出	某些限制性活动

国家	享有退税的主体	涉及的交易	活动项目
瑞　典	公共部门	免税与非税产出	多数活动
	某些地方公共部门	免税投入	医疗、社会福利、教育
英　国	公共部门	非税产出	多数活动

资料来源：KPMG. VAT in the Public Sector and Exemptions in the Public Interest［J］. Taxation Studies，2011.

荷兰对发生在本国境内或发生在其他欧盟成员国境内的进项税都可以抵扣。除荷兰之外的其他国家，只允许抵扣在本国发生的进项税。除英国外，其他国家都是在退税时减少对地方政府的财政补贴，使得地方政府成为退税制度的最后承担者。英国通过统一的中央税收基金完成退税。退税的做法实际上违背了欧盟增值税第六指令的规定。可见，即使在共同指令的约束下，各国也会根据自身国情对规范进行少许变通。

（3）新西兰与澳大利亚对政府机构与非营利组织采取了正常征税、免税与零税率相结合的方式①。新西兰与澳大利亚并未明确将政府机构排除在增值税的纳税人之外。政府机构与非营利组织从事经济活动时，被看作增值税的纳税人，有申报纳税的义务与申请抵扣的权利。收费的政府服务需要缴纳增值税。这要求税务机关对政府的经济活动全面监控。新西兰在对待政府与非营利组织提供服务的问题上，并没有特殊规定。这一做法，打破了对政府活动不征税的常规，引起了各国普遍关注。在对待政府机构的征税问题上，新西兰与澳大利亚的货物与劳务税更好地体现出宽税基的消费型增值税的本质特点。具体而言，新西兰与澳大利亚对政府的销售和

---

① 新西兰与澳大利亚的事实材料主要参考：全国人大常委会预算工作委员会. 增值税法律制度比较研究［M］. 北京：中国民主法制出版社，2010：168 – 172.

提供服务征税，对向政府的销售和提供服务也征税。这保证了私人与公共部门的平等对待。

与新西兰不同，澳大利亚对非营利机构或慈善组织从事的各种活动进行了明确区分。这些组织如果从事经营性活动，则需要正常缴税，当然，也可申报抵扣。但是，如果是免费提供服务，只要不收取对价报酬，就不需缴纳增值税。非营利机构或慈善组织从事社会福利性活动时免税。从事社会福利性活动的标准是，如果提供服务时收取的费用低于市场价格的某一比例（50%或75%），就被认为是从事社会福利活动，进而享受免税待遇。除免税之外，澳大利亚对慈善机构、适用捐赠抵扣的团体和公立学校的特定活动适用零税率，这些活动包括：①销售其受赠的二手物品；②彩票和抽奖活动；③提供的服务价格低于市场价50%或者低于其进价75%的非商业性销售行为；④低于市场价50%或者低于其进价75%提供的非商业性食宿行为。澳大利亚对基础教育与基础医疗实行零税率。

欧盟与新西兰等国消费型增值税的实践表明，在消费型增值税下，对政府或非营利组织提供服务的税收处理可以有多种方式：①免税，包括对特定主体免税与对特定服务免税；②在免税的基础上，给予一定比例的退税；③在免税的基础上，对部分活动实行零税率，即完全抵扣的免税；④与其他经济主体同等对待，正常征收，少数适用零税率。这几种方式会产生不同的经济影响，也各有利弊。

首先，将政府与非营利组织排除在消费型增值税纳税人之外，在实际征管中会遇到一定问题。例如，欧盟增值税第六指令规定，国家、地区和地方政府机构以及其他公法团体不应因其以官方名义从事交易活动而被视为纳税人，即使他们在交易活动中收取各种名目的费用或捐赠。问题在于，在征管中我们很难准确判断这些机构是否是以官方名义从事交易活动，特别是这种活动与私人企业形成竞争时，问题更为严重。这是因为，是否与私人企业形成竞争关系，有时好判断，如私人公交与公共公交；有些情况则不易判断，如铁路与私人公路客运、货运存在替代时，就不好判别。

其次，对政府与非营利组织免税的弊端同对私人的免税相同，都会扭曲市场行为，不利于公平竞争，也可能产生重复征税问题。在免税的情况下，如果政府与非营利组织同时从事商业活动与非商业活动，区分免税会产生较高的征管成本。为了避免免税可能带来的这些问题，部分国家在对政府与非营利组织免税的同时，引入退税制度，甚至对部分服务采取零税率的做法。是否有必要对政府的购买活动给予部分退税，或者，是否有必要对政府提供的服务适用零税率呢？实际上，这种方法可能有些多余。从收入的角度看，政府是对其自身活动征税，一方面体现为支出（缴税），一方面体现为收入（取得税收）。发生的成本只有征管的净成本。好处是，可以最大限度降低免税带来的经济扭曲。如果采用零税率，特别是大范围采用零税率时，将导致严重的征管问题。例如，从事公益活动的政府机构以及非营利组织可能虚增此类服务的份额。或许，像新西兰那样，对政府与非营利组织不做区分的方法更为简便。其优势在于，它最大限度地保证了消费型增值税的中性特点。在这种情况下，税率的变动将对私人与公共机构产生同样的影响，保证了资源在公共部门与私营部门之间的自由配置。当然，这样会牺牲一定的管理成本，对于地域广阔、行政机构众多的国家，情况将更加严重。

总之，对政府与非营利组织提供服务征税问题的核心是处理好经济扭曲与征管成本之间的关系。根据政府与非营利组织在本国的发展情况选择相应的征税方式，是各国对此类服务征收消费型增值税的基本原则。

7.4　小企业的增值税问题

7.4.1　小企业的课税难点及可能的解决方式

理论上，只要从事经济交易的企业都应是消费型增值税的纳税人，小企业本不应例外。但是，无论是销售货物的小企业还是提供服务的小企业，与大企业相比，它们都有着一些特殊性。从收入角度看，虽然小企业数量众多，但其产生税收收入的能力却远不及大企业。从征管角度看，对于征税机关而言，小企业数量众多，会计账户信息不完善，经营行为零散，现金交易较多，种种特点导致对小企业的税收监管成本较高；对于小企业自身而言，如果采用同大企业相同的缴税方式，会使小企业面临更高的遵从成本。一般认为，小企业的纳税成本占所缴税款的比例要高于大企业。

不仅如此，与生产货物的小企业不同，提供服务的小企业还有一些特殊性，主要体现于以下几个方面：①从事服务业的小企业的销售额可能更低，因此，消费型增值税对服务业小企业的起征点可能更低。②小企业提供的劳务既可作为商品的附加，又可以单独提供。从其性质来讲，服务业小企业一般购进投入物数量不多、不经常且成本低。当然，在服务业初建时也可能会有一大笔资本性购入，但是，一旦经营所需基本设施购入之后，需要再添置的东西都不多了。这意味着不能成本加成后来估算其营业收入。确实，也有一些服务业购入与销售之间存在密切联系，如汽车修理业，就需要经常购进零部件，但一般而言，服务业的服务品种和质量决定了其最后的售价与外购物之间没有必然的联系。③通常劳务行业增值率较高，如修理店、理发店、小型装修公司等，这些行业的应税投入都较小。

即使是一些高成本的服务业，如计算机行业、酒店业、餐饮业等，投入的购买也不是经常的，仍然具有增值率很高的特点①。基于上述特点，在税收上区别对待销售货物的小企业与提供服务的小企业也可能成为一些国家的选择。

如果在税收上区别对待小企业与大企业，首先需要确定二者的划分标准。区分的方式有多种，以流转额为标准设定起征点的方式是一种常见标准。当然，还可以选择其他标准，如应纳税额、增值额、利润、资产、雇员人数、雇主数量以及机构数量等。以流转税为标准设定起征点对税收将产生一定影响。随着起征点的提高，更多的企业将被排除在纳税人之外。同理，随着起征点的降低，也会有新的企业被纳入征税范围。对更多小企业征税，一方面将产生征管与遵从成本，另一方面将产生更多的税收收入，即更多的资源从私人流向政府。如果私人部门的资金使用效率，或者说给社会带来的收入与政府使用资金的效率不同，那么，起征点的高低将影响社会资源的配置与效率。基恩（Keen，2004）利用最优化思想，开创性地探讨了最优起征点的设计问题。他认为，增值税的起征点受以下因素影响：①遵从成本；②征管成本；③增值税税率；④单位销售中的增加值的份额，即企业或行业增值率；⑤政府多收入单位资金的社会价值。分析结论表明：增值税的最优起征点应与征管成本、遵从成本成正比，与税率、增值率成反比。

有多种方式可以缓解对小企业征税所导致的收入因素与征管因素的矛盾。其中，对小企业免税是一种主要方式。对起征点以下的小企业免征消费型增值税究竟是否会使小企业受益，要根据小企业的经营特点而定。在

---

① 泰特．增值税：国际实践和问题［M］．国家税务局税收科学研究所，译．北京：中国财政经济出版社，1992：141.

以下两种情况下，免税对小企业的影响是有利的：①企业的销售对象是最终消费者。最终消费者是增值税的最终承担者，没有抵扣进项税收的权力，因此，无须索要增值税发票。尽管小企业被排除在增值税纳税人之外也无法抵扣其进项税，但是，由于其销售对象是最终消费者，被排除在纳税人之外毕竟会减少其税收负担。②小企业所处的行业的增值率较高。如果小企业所处行业的增值率较高，对其征收增值税，会使其税负增加。这是因为，增值税的计税基础是增加值，对其免征增值税，企业会因被排除在纳税人之外而受益。

与上述两种情况相对的是，如果企业的销售者多是增值税的纳税人，对这样的小企业免税，可能使其在竞争中处于不利地位。这是因为，在免税的情况下，购买免税产品或服务的纳税人无法得到进项抵扣，可能减少其对小企业产品的需求。如果在起征点之下的小企业主要从事出口销售，那么，非增值税纳税人的身份同样不利于其出口。出口时可以享受退税是消费型增值税的一个优势。出口退税的目的是使商品或服务进入另一国家时与进口国国内商品或服务享有同样的税收境遇。享有免税的小企业在出口时无法申请退还中间投入的税款，至少是无法准确退还其已纳税款。其后果是，可能提高免税小企业的产品或服务的出口价格，扭曲资源在国际市场的自由配置。

除了对起征点之下的小企业免税，还有几种方式可以缓解税收收入与纳税成本之间的矛盾。简易征收方式就是一种选择。简易征收是指，对起征点之下的企业单独征收较低税率的一般流转税。该方式多以流转额全值为计税依据，不允许企业实行进项抵扣。简易征收方式的优势在于：①以较低的征管成本筹集更多税收收入；②减少小企业，特别是那些位于起征点附近的企业与大企业之间的税收差异。估定征收也是一种常见方式。税务管理部门对小企业的销售额进行估算，一般是以前一年的实际销售额为基础，结合影响商业活动的各种因素，根据企业的特殊情况进行适当调整。这一方法的效果受检查频度与深度影响。还可以在估定征收基础上实行抵扣制度。由税务管理部门依据会计凭证确定税基，如果凭证不足以判定税基，税务机关根据市场价格适当调整。以估算的税基乘以税率得到应纳税额。在此基础上，允许纳税人从应纳税额中扣除其外购物品中包含的税金，但所扣税额不得超过名义税负。这一制度将促使小企业向其供应商索取发票。估定征收基础上的抵扣制度的缺点是，当税基根据经济形势发生剧烈变化时，难以做到适时调整。另外，这一方式给税务机关的权力过大，可能滋生腐败。

除了对小企业适用特殊的征收方式，还可以在税收管理上予以特殊对待。允许小企业自主选择是否登记为增值税一般纳税人是一种常见的征管规定。一些企业所处的商业环境要求小企业向顾客提供长期的信贷。在这样的情况下，现收现付制可以改善小企业的资金流动情况，因为，如果按发票计税，则可能出现还没收到付款就要缴税的情况。现收现付制还能减少因坏账而导致的税收处理困难。对小企业是否采用现收现付制不应当以流转额的大小来定，而应以企业经营方式的性质来决定。如果某一小企业的现金交易占主导地位，应允许其采用现收现付制；反之，即使流转额很低，也应采用权责发生制①。

7.4.2 对小企业课征消费型增值税的国际经验

从各国消费型增值税的实践情况看，小企业的税收问题主要受征管因

---

① 泰特. 增值税：国际实践和问题［M］. 国家税务局税收科学研究所，译. 北京：中国财政经济出版社，1992：144.

素与收入因素共同影响。这是由小企业的经济特点决定的。具体而言，来自小企业的税收收入与征管成本之间存在较大差距。韩国在实行增值税的初期，小企业占增值税申报数的 76%，但所缴的增值税金额仅占 5%[1]。在英国，100 万家小企业（占增值税登记户总数的 76%）所缴的税收仅占全部增值税税收的 7%（1983 年、1984 年）。在墨西哥，几乎 90% 的增值税来自 10% 的纳税登记企业[2]。因此，从征管角度看，有充分理由对小企业采取一些特殊的方式，缓解其征管成本与税收收入之间的矛盾。

一般而言，流转额或销售额高低是划分小企业的最常用的标准。当然，也不是没有例外。哥伦比亚的规定就较为特殊，该国使用四条标准判断是否可适用简易征收方式：①不是法人；②净收入必须低于规定数额；③前一年年底的总资产必须低于规定的数字；④经营机构不能超过两个。有的国家使用三种标准，如奥地利。有的国家规定必须使用两条标准，如印度尼西亚，该国同时将流转额与资本额作为判断标准。阿根廷将企业净资产与雇佣人数相结合，对工业与商业、服务业的标准也有所不同[3]。当然，使用流转额或销售额作为标准仍然是世界各国的普遍做法。

在消费型增值税发展的不同时期，各国对小企业的征税方式有所差别。大体可分为两个阶段：消费型增值税发展的早期；消费型增值税的完善时期。

---

[1] 泰特. 增值税：国际实践和问题［M］. 国家税务局税收科学研究所，译. 北京：中国财政经济出版社，1992：144.

[2] 泰特. 增值税：国际实践和问题［M］. 国家税务局税收科学研究所，译. 北京：中国财政经济出版社，1992：122.

[3] 泰特. 增值税：国际实践和问题［M］. 国家税务局税收科学研究所，译. 北京：中国财政经济出版社，1992：115.

（1）欧盟在消费型增值税发展早期对小企业增值税的处理方式①。欧盟成员国对小企业增值税主要有四种处理方式：免税、简易征收、固定征收和特低税率。其中，免税分两种，一种是完全免税，如丹麦、德国、爱尔兰、卢森堡、英国、挪威和瑞典。部分成员国对货物与劳务的免税标准有所区别。德国的标准较为复杂，需要将前一年流转额与本年预期流转额两个标准结合起来作为判断小企业免税的标准。一般而言，免税不是强制性的，从事出口业务或者其销售对象为增值税纳税人的小企业，可以自己选择。另一种是对小企业免税，但需要登记。尽管起征点在英文中表述为"registration threshold"，但这并不完全意味着起征点之下的小企业就不需要注册登记。在起征点之下的小企业也需要登记的国家有法国、比利时、荷兰、奥地利、希腊。在荷兰和奥地利，如果免税小企业的税负在一定标准之下，可以不登记。其他小企业必须登记，并可开具增值税发票，但无权抵扣进项税。

除免税外，也有许多国家对小企业实行简易征收方式。该方式的实质是，对小企业适用较低税率且具有重复征税效应的一般流转税。例如，为了鼓励纳税人自觉纳税和降低管理成本，日本在 1987 年采用简易征收方式，对小企业统一按照年销售额的 1% 计税。德国曾经使用的办法是，纳税人的流转额超过免税线（约 12 000 美元）不到 300 美元的，只需就其超过部分的销售额的 20% 缴纳税款。以后每超过一个 300 美元，相应增加一个百分点的上缴比例，直到其销售额总数达到 36 000 美元时，完全接受增值税正常计税方式。

奥地利、法国、德国、卢森堡、荷兰通过低税率的形式给予小企业一

---

① 泰特. 增值税：国际实践和问题 ［M］. 国家税务局税收科学研究所，译. 北京：中国财政经济出版社，1992：123 － 147.

定程度减免。1983 年，韩国对小企业以特殊税率征税，即低税率或有选择地对某些小企业实行优惠。这种特殊税率的实际税负相当于普通纳税人的 1/3～2/3。不同行业有所不同，餐厅和建筑业是最为优惠的。具体情况如表 7-7 所示。

表 7-7　韩国各行业的增值税税率　　　　　　　　　　　　　%

行　业	增值税占销售额的百分比	实际税率	
		一般纳税人	特殊纳税人
农、林、渔业	75.11	7.51	—
矿业	48.45	4.85	1.25
制造业	25.89	2.59	1.94
电、气、水	8.04	—	
批发业	11.07	1.11	
零售业	9.19	0.92	1.77
房地产	8.48	0.85	—
建筑业	66.11	6.61	1.96
餐饮业	62.61	6.26	1.87
旅馆业	39.75	3.97	1.95
运输、仓储、交通业	61.12	6.11	1.94
租赁业	42.55	4.26	2.00
代理、中介和委托服务业	56.03	5.60	3.46
其他服务	50.46	5.05	2.09
总　　计	28.40	2.84	1.87

资料来源：泰特．增值税：国际实践和问题［M］．国家税务局税收科学研究所，译．北京：中国财政经济出版社，1992：155.

　　估定征收的方式被阿根廷、智利、马达加斯加、墨西哥和尼日尔等国采用。葡萄牙也曾建议使用估定的方法对小企业征收消费型增值税，但未被采纳。在估定方式征收基础上允许小企业抵扣的国家有厄瓜多尔、秘鲁。意大利曾试行过让收入额不超过 7.8 亿里拉（64.2 万美元）的商人使用比例税率来计算其进项扣除额，服务业 25%，生产行业 45%，石油销售 97%，商人和自由职业者 6%。这实际上相当于征收不同税率的流转税。

实践中还曾出现过一种较为特殊的处理小企业增值税的方式，即对免税小企业的供给按照高于标准税率的税率征税。为小企业提供货物或劳务的供应商须向小企业收取一笔相当于对它们销售货物应征收的税金，并将这笔税金上缴国库。非登记的小企业的唯一义务是保存好进货发票，以备税务部门检查。如检查时无发票，则需补缴税金。按这种办法纳税的小企业可要求对它们购买某些投资性货物所支付的增值税予以退税。比利时最先采用这个办法，后来西班牙、土耳其和阿根廷都纷纷效仿。考虑到当时服务业规模较小，其适用范围并未涉及服务业，而且范围也十分有限，仅仅包括一些零售商，如食品、衣物、五金工具、书和报纸等。土耳其在实行增值税的第一年（1985 年）也实行过这样的办法，后来取消了。目前来看，凡是使用这一制度的国家已经放弃了这种方法。比利时认为这一方法很成功，也很方便。取消不是因为方法本身不好，而主要是遵循欧盟税收一体化的要求。

（2）欧盟对小企业征收消费型增值税的近况。总体而言，欧盟成员国对位于起征点之下的小企业免税仍是最为常见的方式。不仅欧盟成员国，一些拉美国家、亚洲国家等都采用这一方式。但各国之间起征点的标准有很大差异。表 7-8 是部分国家 2009 年小企业消费型增值税的特殊规定。

表 7-8　部分国家 2009 年小企业消费型增值税的特殊规定

国　家	起征点（欧元）	特殊规定
奥地利	30 000	对 30 000 欧元以下的销售货物或劳务的小企业免税。但是，小企业需要增值税注册，年流转额少于 7 500 欧元的不需要注册。非营利组织的起征点是 100 000 欧元
比利时	5 580	对 5 580 欧元以下的销售货物或劳务的小企业免税。但是，小企业需要增值税注册。但是以下交易除外：与不动产有关的工作，适用单一税率的农民，位于特定地区的烟草产品的交易，在码头的公共渔业市场拍卖鱼、贝壳、软体动物的。小于 500 000 欧元的企业采用低税率的流转税，不需开具发票
波斯尼亚和黑塞哥维那	25 475	以前一年度预计流转额 25 475 欧元为起征点。在此起征点之下，小企业最小以 60 个月为期限自愿注册。根据农业与林业在册土地收入缴纳所得税的从事农业或林业的个人，适用起征点为 7 650 欧元
	7 650	
保加利亚	25 560	起征点是指应税交易连续 12 个月流转额超过 25 560 欧元，包括零税率交易、免税的金融服务和保险服务的交易。在起征点以下，小企业可以自主选择是否登记
克罗地亚	11 760	起征点是在下一个日历年度里，流转额为 11 760 欧元
塞浦路斯	15 600	—
捷　克	37 800	不适用于非居民企业
丹　麦	6 700	对于盲人，适用更高的起征点 22 840 欧元。对于由创作者或继承人首次销售的艺术品，适用 40 300 欧元的起征点。对于后者，在当年或前一年都不能超过 40 300 欧元，才能享受免税
爱沙尼亚	16 000	—
芬　兰	8 500	起征点 8 500 欧元是针对一个会计年度的流转额而言的。如果时间多于或少于 12 个月，起征点根据实际时间与 12 个月 8 500 欧元的水平按比例折算。当小企业的流转额超过 8 500 欧元时，必须登记注册并缴纳增值税，但是可以适用优惠，除非其流转额超过 22 500 欧元。但是这种优惠并不适用于在芬兰没有固定地点的非居民企业，而且，这种优惠随着流转额的提高而有所减少

国　家	起征点（欧元）	特殊规定
法　国	80 000 32 000 41 500 17 000	前一年度流转额80 000欧元的起征点适用于货物的销售、旅店以及餐馆销售的食品与饮料。前一年度流转额32 000欧元的起征点适用于除旅店之外的服务业，但不包括餐馆销售的食品与饮料。41 500欧元的起征点使用范围是律师、作家、艺术家以及演出服务。但是，对于律师、作家以及艺术家提供的与他们专业无关的服务，仍然使用80 000欧元的起征点。部分企业可以采用简易征收方式
德　国	17 500	如果应税与免税交易的总流转额在前一年度内没有超过17 500欧元，并且，预计当前年度流转额也不会超过50 000欧元，那么，对这些小企业的商品与服务免税。只要选了纳税登记，即使低于增值税门槛，在接下来的五年也不能享受免税
希　腊	10 000 5 000	10 000欧元的起征点是对于货物的销售，以及那些货物与服务的混合销售，但是服务部分不超过5 000欧元的交易。5 000欧元的起征点仅仅适用于服务。对于农业、渔业等采用低税率的流转税
匈牙利	18 300	对于从事农业服务的个人，增值税采用特殊方式：无须支付增值税，也不能得到抵扣
爱尔兰	75 00 37 500	75 000欧元针对货物，37 500欧元适用于劳务。对农业采用低税率的流转税
意大利	30 000	—
拉脱维亚	14 100	起征点是指之前12个月的流转额
立陶宛	29 000	在起征点之下的小企业可以自愿注册
卢森堡	10 000	—
马其顿	21 170	—
马耳他	37 000 24 000 14 000	为了登记为小企业，主要以销售货物为主的企业的流转额不能超过37 000欧元。24 000欧元是针对那些以提供服务为主的纳税人。14 000欧元是对于其他所有经济活动，为了登记为小企业，其流转额不能超过这一标准
黑山共和国	18 000	—

国　家	起征点（欧元）	特殊规定
荷　兰	1 345	小企业的增值税适用一个特殊的减税方式。适用于企业之外的个人与个人相关的组织（如合伙人）。在一年里，销售货物或提供服务的增值税总额（销项减去进项）超过1 883欧元，税收减免额为应纳税额减去1 883欧元的差的2.5倍。在应用减税之前，小企业的门槛是1 345。这是因为，最大的减税数额是2.5×（1 883－1 345）＝1 345欧元，与实际税收的差距是零。减税数额不能大于减税之前的应税数额，高于1 345欧元之后，无须缴纳增值税，也不享受退税。1 345～1 883欧元的部分，减税数额是逐渐减少的。当超过1 883欧元时，减税数额是零，所有的税收足额缴纳
挪　威	5 960	非营利组织的起征点是14万挪威克朗
波　兰	11 800	当超过11 800欧元后，在接下来的一年内不再适用免税条款。从停止免税之日起，三年以后可以重新活动免税
葡萄牙	12 500	12 500欧元是简易征收增值税的门槛，适用简易征收方式的最大限额是，每年流转额不超过50 000欧元
罗马尼亚	35 000	超过35 000欧元时，纳税人不再享有免税待遇，即使在之后其流转额低于这一标准
塞尔维亚	42 650	42 650欧元是强制性门槛，而21 325欧元则是自愿注册登记的门槛。如果申请注册，需要在每年的1月15日之前提出申请
斯洛伐克	49 790	49 790欧元是指之前连续12个月的流转额
斯洛文尼亚	25 000	对于流转额没有超过25 000欧元或者连续12个月的流转额不可能超过此标准的企业免税。当超过25 000欧元时，纳税人必须在当月申请注册
瑞　典	2 900	只适用于自然人，免税的自然人因商业行为而产生的每年的流转税不应超过2 900欧元。也适用于艺术品的销售，但是允许艺术家自愿选择是否注册

国　家	起征点（欧元）	特殊规定
瑞　士	49 600	从 2010 年起，将应用单一标准（CHF100 000）。当流转额在 49 600～165 300 欧元（CHF75 000～CHF250 000）时，如果应纳税额小于 2 650 欧元（CHF4 000），那么，纳税人不需注册。应纳税额是销项税减去进项税或者流转额的一个固定比例。年度流转额超过 2 650 欧元（CHF4 000）时，自愿注册。可以要求按现收现付制核算。对特定的交易商采用低税率的流转税。非营利组织的起征点是 15 万瑞士法郎
	165 300	
土耳其	13 600	到 2009 年 12 月 31 日，适用于生产货物的小企业
	27 200	适用于生产与再销售（经销商）的小企业。也适用于专业服务，如护士。也是到 2009 年 12 月 31 日为止
	40 260	适用于经销商，当经销商购进部分为超过 27 500 欧元时，对其免税
乌克兰	24 700	24 700 欧元的起征点是针对之前 12 个月的流转额
英　国	76 100	之前 12 个月流转额不超过 76 100 欧元，并且在之后 30 天也不会超过此限额的企业免税。对零售商和农民可以采用简易的低税率的流转税

资料来源：1. An - condia, Corput. VAT Registration Thresholds in Europe ［J］. International VAT Monitor, 2009：11－12。

2. An - condia, Corput. VAT Registration Thresholds in Europe ［J］. International VAT Monitor, 2003：471－72.

　　上述各国对小企业的规定，体现出以下几个特点：①各国起征点的高低相差较大。有的国家对不同的纳税人或项目设定不同的起征点。例如，丹麦较低，瑞士则较高。允许小企业自愿选择是否成为消费型增值税的一般纳税人，或者选择简易征收方式是多数国家的选择。②部分国家采用以流转额为基础的简易征收方式。这些国家主要有英国、法国、瑞士、爱尔兰、马耳他、奥地利、希腊、挪威、比利时与荷兰。③部分国家单独对服务业做出特殊规定，如法国、爱尔兰、马耳他、希腊等国。在爱尔兰和希腊，劳务的起征点都是货物的一半。④比利时、爱尔兰与希腊对小企业适用较低税率的流转税。还有多个国家对非营利性组织设定了单独的起征点，如瑞士、奥地利、挪威等。⑤在管理上，部分国家规定允许小企业选择现收现付制。采用这一做法的国家包括英国、瑞士、德国等。考虑到小企业的业务量，对小企业申报纳税的时间也有所放宽，目的是减少其申报次数，降低征纳成本。

总体而言，给予小企业免税是各国课征小企业增值税的一个基本特点。对服务业也是如此。服务业的小企业在部分国家面临更低的起征点。对起征点之下的小企业免税的最大好处是，减轻征管成本。但可能产生的矛盾是，可能使起征点之上的企业认为这样的规定是一种歧视。对那些超过起征点不高的企业更是如此。小企业，特别是那些可以从非增值税纳税人身份中受益的企业，有动力低报其销售额，或者在超过起征点时通过企业拆分降低其税负水平。如此一来，扭曲了经济主体的行为，也同时增加了征管与遵从成本。根据自身的经营特点，允许小企业自愿登记也是各国普遍采取的一种方式。自愿登记尽可能满足了小企业自身经营特点的需要，为其发展提供了一定空间。但是，自愿登记也可能产生一些问题。有些经营者并非出于商业经营目的而申请纳税登记，而是为了取得纳税登记后抵扣其个人消费品中的进项税。对这类行为的查处，需要严格的企业审计制度。这同样需要花费一定征管成本。以流转额为基础的简易征收方式是解决征管与收入矛盾的一个折中方案。其最大优势在于降低了免税对收入的影响，但问题是，这一方式会带来不可避免的重复征税问题。

因此，从上述分析可以看出，虽然各国对小企业的征税方式存在较大差异，但降低小企业税负与征管成本是各国对小企业课征消费型增值税时共同的出发点。

7.5　增值税下服务供给地点的确定问题

7.5.1　服务的消费性

消费型增值税原则上是对最终消费征税。这意味着，只有服务具有可以被消费的性质，才可对其征收消费型增值税。经济学认为，服务同商品一样，也可以被消费。因此，可以对服务课征消费型增值税。比照对商品的分类，对服务似应有如表7-9所示的分类。

表7-9　与一般消费税税基有关的商品和服务的分类

类别	中间使用或中间投入		最终消费
性质	资本品	中间产品	最终消费品
服务	—	用于中间生产的服务	用于最终消费的服务
商品	资本性有形商品	用于中间生产的有形商品	用于最终消费的有形商品

只有最终消费的服务与商品才应是一般消费税的税基。如果一国采取零售税的模式课征一般消费税，就需要决定征税范围，即对哪些商品和服务课税。对某类服务是否课税，要看其是否是最终消费性服务，只有消费性服务才属零售税的征税范围。对于实行消费型增值税的国家来说，尽管在征管上不需要直接对中间使用免税，但是，其税基的本质等同于最终消费。因此，对服务消费性质的判断也是我们理解服务业消费型增值税的重要内容。

试举一例，说明区分中间使用与最终消费的必要性。假设：企业1生产价值50的资本品，生产过程中只使用劳动，无其他投入，并将资本品销售给企业 3 用于生产。企业 2 提供金融服务，价值 60，生产中同样只使用劳动。分三种情况讨论：第一种情况，认为金融服务只能用于生产，即价值 60 的金融服务只销售给企业 3 用于生产；第二种情况，认为金融服务只能用于消费，价值 60 的金融服务被销售给最终消费者个人；第三种情况，认为金融服务既可以用于生产，也可以用于消费。例如，30 销售给企业 3 用于生产，另外 30 销售给个人用于最终消费。企业 3 使用 50 的资本品与相应条件下的金融服务，最终向消费者提供 200 的最终消费品。不同情况下，一般消费税的税基如表 7 - 10 所示。

表 7 - 10　服务的不同性质与一般消费税的税基

金融服务的性质	一般消费税的模式	一般消费税税基的计算	最终税基
纯生产性服务	零售税	200	200
	消费型增值税	$50 + 60 + (200 - 50 - 60)$	200
纯消费性服务	零售税	$60 + 200$	260
	消费型增值税	$50 + 60 + (200 - 50)$	260
混合性质	零售税	$30 + 200$	230
	消费型增值税	$50 + 30 + 30 + (200 - 50 - 30)$	230

从这一例子中，我们可以看出服务的定性对一般消费税的影响。根据服务的性质，可以将服务分为两类，用于企业生产的生产性服务与用于消费者个人消费的消费性服务。从笔者目前所掌握的文献看，尚未发现有学者将服务业只分为生产性服务与消费性服务两个大类。不过，有两个与此十分接近的分类。

一是布朗宁和辛格曼（1975）将服务分为流通服务、生产者服务、个人服务和社会服务。四种服务所包含的行业如表 7 - 11 所示。

表 7 – 11　布朗宁和辛格曼的服务业分类

分类	流通服务	生产者服务	个人服务	社会服务
细分行业	仓储业、交通、通信、批发、零售（不含饮食）、广告业、其他销售服务	银行、保险业、信托、其他金融服务、房地产业	旅馆和餐饮业、家庭服务、洗衣服务、修理服务、理发和美容、娱乐与休闲、其他个人服务	医院、教育、非营利机构、福利和宗教服务、政府、邮政、其他专业化服务和社会服务

二是格鲁伯和沃克（1993）在研究加拿大服务业问题时，将服务分为三类：用于生产或中间使用的生产者服务，用于消费者个人消费的消费者服务，以及主要由政府提供的政府服务。他们的分类在后来的服务业研究中占有重要地位。三种服务所包含的行业与部分特点如表 7 – 12 所示。

表 7 – 12　格鲁伯和沃克的服务业分类

类型	生产者服务		消费者服务	政府服务
功能	满足厂商的生产需求		满足个人最终需要	提供公共产品
需求性质	中间需求		最终需求	中间需求与最终需求
行业细分	研发、设计、技术咨询、会计、法律、工程和建筑服务、广告	交通、物流、批发、信息服务、金融保险	娱乐休闲、文化艺术、饮食、房地产、医疗、教育	政府服务、公益服务、义务教育、社会福利服务、公立医院等
资本和技术密集性质	人力资本密集	资本和技术密集	劳动力密集	不明确

从表 7 – 12 中我们可以看出，政府服务的形式是中间需求与最终需求。将其单独列出是考虑到供给主体的特殊性。供给主体的特殊性确实会给这类服务的一般消费税带来影响，但从服务的性质看，中间投入与最终消费的划分对服务业一般消费税研究更为关键。

根据生产与消费的性质对服务业进行分类不仅是一种直观性的描述，还涉及经济学中有关商品与服务本质这一更深层次的问题。在经济学的发展过程中，对商品和服务在价值生产过程中的作用的认识并非一成不变。从对服务的歧视，到将商品与服务同等对待，再到开始考虑是否需要构建新的理论体系来分析服务，这一系列转变的背后暗含着两种不同的逻辑。

一是商品主导逻辑（goods-dominant）。最初，古典经济学赋予商品与服务不同的价值标准与位次，不承认服务的生产性，歧视服务。以斯密为代表的古典经济学家认为，服务无助于交易量的增加，它既不能贮存，也不能进一步交易。生产与消费的同时性使服务很少留下什么价值。在这个意义上，服务是非生产性的。穆勒也认为，服务是劳动产生的效用，并非固定或体现在任何物体中，不会使人或物的性质得到永久改善。在古典价值体系中没有考虑服务，主要原因在于，古典经济学有三个与服务有关的命题："一是，价值只能形成于物质生产过程之中；二是，人类在经济和社会生活中付出的劳动分为生产性劳动与非生产性劳动，而服务属于非生产性的；三是，只有物质产品的生产才是价值物品的生产。"[①]"随着古典经济学的发展，服务与商品的界限越来越模糊了。后来的新古典经济学干脆认为，服务与商品的界分没有任何意义。巴斯夏认为，劳务是一种努力，必须含有转让的意思。因为劳务不被人接受也就不可能提供。劳务可以归纳为人们彼此提供服务。因此，交换也就是服务的交换。由此可见，在定义服务时，他消除了商品与服务的界分。"[②]即使是这种将商品与服务都看作产出的观点，体现的仍然是商品主导的逻辑。在这种情况下，分析商品的方法也同样适用于服务。这一观点认为服务的本质是一种无形的商

---

① 程大中. 商品与服务：从分离到综合［J］. 经济学家，2002（2）.

② 程大中. 商品与服务：从分离到综合［J］. 经济学家，2002（2）.

品，服务的作用只是对商品价值的增强。商品主导的逻辑是用货物的生产原则去管理服务。一般消费税原则上不区分商品与服务的观点实则是遵循了商品主导的逻辑。

二是服务主导逻辑（service – dominant）。商品主导逻辑是将服务看作一种产出的单位，而服务主导逻辑是将服务看作一种过程，这种过程强调的是服务对其他部分做些什么。在服务主导的逻辑中，服务是用来交换服务的。服务是为了获益而使用资源的一个过程，体现的是一种经济交换。价值增值的焦点从生产者转向不同部分合作的过程。瓦戈和卢施（Vargo & Lusch，2008）认为，这种服务中心的逻辑不仅仅加强了发展服务业的必要性，也为促进服务业的发展提供了一个更强的理论基础。这一逻辑反映的是，从配置资源的角度对价值的思考转向对配置那些不可见、动态、可以创造价值的资源的思考。在服务主导的逻辑下，货物只是提供服务的载体。知识与技能的提供者是价值增值的本质来源，而不是货物，货物优势只是用来运输这些知识与技能。在服务主导的逻辑中，货物重要，但服务更高一级。如果真是这样，那么，以服务为主导的逻辑将改变一般消费税不区分商品与服务的基本观点，甚至对经济理论都可能产生重要影响。

7.5.2　服务不同于商品的特性

一般认为，与商品相比，服务具有以下几个特性：①服务具不可见性（无形性）。一方面，服务提供者通常无法向消费者介绍空间形态确定的服务；另一方面，服务消费者在购买服务之前也不能感知服务。②服务的生产和消费是同时发生的。服务要么同供给者不可分，要么同消费者不可分。也就是说，服务提供者或服务购买者不能与服务在时间或空间上分开。③服务难以贮存。服务一旦被生产出来，一般不能像商品那样长久搁置或处于库存状态。④服务具异质性。同一种服务的消费效果和品质往往存在显著性差别①。在这四个特征中，不可见性以及生产和消费的同时性是对服务课征消费型增值税必须考虑的问题。

7.5.3 确定服务供给地点的重要性

在国际贸易与电子商务快速发展的时代背景下，服务供给地点的确定尤为重要。

（1）服务贸易在国际贸易中的重要性逐步提升。"1970 年，全球贸易总额为 3 150 亿美元，其中服务贸易为 710 亿美元，占 23%；1994 年，全球贸易总额为 41 700 亿美元，其中服务贸易为 10 800 亿美元，占 26%；2004 年，全球贸易总额达到了 88 800 亿美元，其中服务贸易为 21 000 亿美元，占 24%。因此，WTO 制定了《服务贸易总协定》，标志着国家贸易的标的物机构发生了重要变化，正在由以货物贸易为主的结构特征向货物贸易与服务贸易并重的结构变化。《服务贸易总协定》为推动服务贸易的自由化提供了制度保障。"②在服务贸易自由化的要求下，对各国服务跨境交易的税收提出了新的要求。

（2）电子商务的发展转变了服务贸易中跨境交易方式，跨境交易方式的转变将对消费型增值税的供给地点产生重要影响。有四种提供服务的方式：跨境支付、境外消费、商业存在③以及自然人流动④。在这四种方式

---

① 程大中. 商品与服务：从分离到综合 [J]. 经济学家，2002（2）.

② 裴长洪，何德旭，高培勇. 中国服务业发展报告 No. 4 [R]. 北京：社会科学文献出版社，2005：310.

③ 指某一成员的服务提供者在其他成员领土内设立商业机构或专业结构为其领土内的消费者提供服务。

④ 指某一成员的服务提供者以自然人身份进入其他成员领土内提供服务。

中，跨境支付与境外消费两种形式开放度更大。其中，跨境支付同近年来电子商务的发展息息相关。随着计算机与数据通信技术的发展，越来越多的交易开始可以通过网络实现，虚拟经济的全球性、匿名性对以货物销售征管为主的一般消费税产生重大影响。对进口服务征收消费型增值税不能依据一般管辖权的概念，而应视服务的种类不同而有不同的规定。这些变化将集中体现于服务供给地点的规定之上。

（3）服务的不可见性、生产与消费的同时性等特点要求各国对供给地点做出相应调整。

首先，考虑目的地原则、服务的不可见性与服务的消费型增值税的供给地点。通常认为，消费型增值税应根据受益原则，由商品或服务的消费地享有税收收入。在实践中，目的地原则是消费地的一个代理变量，是消费地的一个近似。这是各国消费型增值税适用目的地原则的主要理论依据。在多数情况下，消费具有不可观察的特点，可以观察的是支出（购买活动）。因此，通常是以支出的地点作为消费发生地点的代理变量。也就是说，采用目的地原则更多是出于税收管理的考虑。但是，对于跨境交易而言，买者的地点已不再能很好地代表消费的发生地。不仅如此，商品与服务的跨境交易在纳税地点的确认上也会有所差异。有形商品必须要经过海关，对于货物的进出口而言，税权的归属可以以国界作为标准。对于海关审查严格的国家，对商品适用目的地原则不是问题。但从征管的角度看，对服务课税就可能产生严重的征管问题。由于服务本身不可见，服务的提供通常不需要通过海关，国境无法再作为课税权的判断标准。

其次，有关服务跨境交易的征管困难的另一个问题是，服务具有生产时就被消费的特点。这意味着，当我们依据服务提供者的地点对服务征税时，表面上似乎是依据产地原则，但事实上仍体现目的地原则。这是因为，服务的生产与消费的同时性使得供给者的地点通常也是消费者的地点。但是，随着服务跨境贸易的发展，服务的生产与消费分离的现象越来越多，如咨询、会计、法律和其他智力性服务、金融、广告、版权交易、信息与数据处理、广播与通信等。这使得确定服务的税收地点的传统规则出现问题。因此，服务的消费型增值税的纳税地点可能需要与商品的纳税地点有所区别。

7.5.4 增值税下服务供给地点确定的国际经验

总体而言，欧盟对货物和劳务的供给地点适用不同的确认规则，而新西兰在货物与劳务供给地点的确认上表现出更多的相似性。

（1）欧盟①。欧盟在确定劳务的供给地点时，对不同的劳务适用不同的规则。大体分为以下五个类别：①提供与不动产有关的劳务，包括不动产代理和专业劳务，如建筑师及企业在施工现场的劳务，其供给地点就是不动产所在的地点。②提供运输劳务的供给地点是运输发生地。③下列劳务的供给地点是劳务的实际发生地：文化、艺术、体育、科学、教育、娱乐和类似的活动；运输辅助劳务，如装、卸、管理等类似活动；有形动产的评估服务；对有形动产提供的劳务。④当一个成员国的出租者将其有形动产（不包括各种形式的运输）出租到另一个成员国使用时，提供劳务的地点应是有形动产使用地。⑤为成员国以外，或者为不在劳务提供者所在成员国的客户提供下列服务，劳务的供给地点是客户企业所在地，或客户接受劳务的地点。如果没有这样的地点，就是以客户的永久地址或居住地作为劳务的供给地点。这些劳务包括：版权、专利、执照、商标和类似权

---

① 关于欧盟的事实材料主要参考：税务总局政策研究处，中国财务会计咨询公司．各国增值税：上册［M］．北京：中国财政经济出版社，1987：27 – 28.

益的转让；广告；咨询（专业个人与企业），工程师、律师、会计师提供的专业服务，以及数据处理与信息服务；银行提供的服务（不包括保险箱的出租），财务、保险（包括再保险）服务等。

为避免重复征税、漏税以及对竞争的损害，欧盟成员国对劳务与有形动产的出租，还会考虑以下两个基本原则：①如果劳务提供地点按规定位于该国的征税区域内，但在欧盟之外实际使用，则视其为在欧盟之外提供的劳务；②如果劳务提供地点在欧盟之外，而这种劳务在该国之内使用，那么，应将其视为在该国境内提供。

欧盟对于不同劳务的供给地点适用不同的规则，这些规则大体呈现出一个优先顺序，从高到低依次为：土地的地点、劳务发生地、消费者所在地、有效使用劳务的地点。除此之外，在欧盟增值税第六指令中，还有一个"反向征收"（reverse charge）的规定。当 A 国的供给者提供给 B 国的接受者时：如果接受者不是最终消费者，那么，供给者必须在 B 国进行增值税注册；如果接受者是纳税人，那么，接受者反向纳税，供给者不再需要缴税。尽管该规则与供给地点的确认有关，但是不应将其视为供给地点的规则。反向征收是一种简化管理的办法，仅仅改变了缴纳增值税的责任（从供给者到接受者）而已。

（2）新西兰①。新西兰对劳务供给地点的规定与货物基本相同。如果供给者是居民，那么，劳务的供给地点是新西兰；如果供给者是非居民，那么，劳务的供给地点不在新西兰。但是，如果劳务的发生地在新西兰，而这一劳务的提供者在劳务发生时也在新西兰，那么，劳务的供给点仍为新西兰。如果劳务的供给被认为是在新西兰提供的，并且符合表 7 – 13 中

---

① 关于新西兰的事实材料主要参考：Millar R M. Jurisdictional Reach of VAT ［D］. Sydney：Sydney Law School，2008，No. 08/64.

的规定，那么，这样的劳务出口可以适用零税率。

表 7 – 13　新西兰对适用零税率劳务及其供给地点的规定

有关劳务	供给地点
劳务的供给与新西兰之外的土地直接有关	土地所在地
劳务的供给与货物直接有关，在行为上无法选择，劳务发生地位于新西兰境外	货物的地点
劳务的供给与临时位于新西兰的货物有直接的关系	货物的地点
劳务发生在新西兰境外，并且这些劳务的本质特点是生产与消费具有同时性，即发生时即接受了劳务	劳务接受者的地点
向新西兰境外的非居民提供劳务，并且这些劳务在境外发生。如果这些劳务是：	接受者的地点或居住地
——与新西兰境内货物直接有关的信息的提供；	接受者的地点或居住地
——既不与新西兰的土地或货物有直接关系，其接受劳务的目的也不是为了新西兰境内的应税行为；	土地的地点；货物的地点；劳务的使用地
——与出口零税率的货物直接有关的劳务；	货物的地点
——与知识产权有关的劳务	根据劳务特点而定
与担保的货物有关，如果劳务是由新西兰境外的非注册、非居民担保人支付的，而担保的货物在进口时需要缴纳税款	劳务支付人的地址、居住地
与知识产权有关的劳务，而且在新西兰境外使用这些知识产权	使用地
接受的劳务不是为了新西兰境外的应税活动，或者不是为了在新西兰境外使用某种知识产权	使用地

资料来源：Millar R M. Jurisdictional Reach of VAT [D]. Sydney：Sydney Law School，2008，No.08/64.

新西兰货物与劳务税也有反向征收的规定。与欧盟不同，新西兰的反向征收考虑的是税收遵从。在新西兰，反向征收实际上是供给地点的一个重要规定。当劳务供给是被认为在新西兰境外提供而在新西兰境内消费时，使用反向征收规则，这些劳务的接受者需要缴纳税款。在新西兰，有关劳务供给地点规则的优先排序大体如下：①土地或货物的地点；②供给的发生地，这一规定更多针对消费者，对境内和境外的个人的优先级别相同；③劳务接受者的地点或居住地；④与知识产权等有关的供给地点（使用地）。总之，在欧盟指令中，可见与不可见服务的区别是明显的。但是，在新西兰，规则更一般化。

需要注意的是，上述有关欧盟劳务供给地点的规定是欧盟增值税第六指令的早期规定。在欧盟增值税第六指令最初起草之时，劳务的购买者通常从当地购买劳务。因此，以供给者的地点近似代表劳务接受者的地点，可以反映消费地。这类劳务属于可见服务，即"消费地点可以被确定"的劳务，这些劳务多与土地和建筑物、货物有关。可见服务通常与货物的地点有密切关系，很可能发生在货物的所在地。因此，确定这些劳务的供给地点时，通常以货物所在地这些代理变量来确定劳务的供给地点，而不是通过消费者的地点认定。

但是随着经济全球化的发展，服务贸易出现了一些新的特点，例如，服务供给与消费产生了一定程度的分离。因此，在传统规则基础上，欧盟也引入一些特殊规则，以便更准确地反映消费的目的地。"2010 年欧盟采纳了 OECD 对不可见服务（供给地与消费地分离的服务）的 B2B 与 B2C 的适用不同规则的建议。受电子商务发展的影响，OECD 的财政事务技术咨询委员会发布了一个有关消费税的国际服务贸易指导性报告。该报告建议，在电子商务时代，为了体现消费税的目的地原则，当企业获得服务或者从其他国家获得不可见服务时，建议采用反向征收的方式。对 B2B 与 B2C 做出了不同的规定。对于 B2B 交易，原则上以服务接受者的企业所在地为消费地。例如，公司的总部或者分公司等。当提供服务的公司不是消费型增值税的注册纳税人，或者服务接受者的公司不是注册纳税人时，报告建议使用反向征收的自我评估机制。对于 B2C 交易，原则上应以消费者常住地为消费地。当其在多国居住时，以其居住时间较长的国家为消费地。欧盟充分考虑了该报告的建议，对不可见服务引入了消费者地点的原则。但是考虑到顺利实施，保留了部分劳务的供给地点的规定。预计将在 2015 年，对 B2C 不可见服务的交易（包括通信、广播电视等服务）采取消费者地点的规则。"①

　　总体而言，实行一般消费税的国家基本遵循了目的地原则。在税法中，供给地点的规定主要目标是尽可能反映真实的消费地。实际上，消费型增值税是对消费支出发生时征税，并不完全根据实际消费的发生地。也就是说，一般消费税的目标是对商品与服务的消费征税，但是在实际消费之前就已经征收，并且以消费支出的发生地来推测或代表服务的消费地。欧盟和新西兰的实践表明，多数情况下，供给地点不是消费的实际发生地，只是一个近似的代理变量。尽管各国在供给地点上有所不同，但也有相似之处：①都遵循目的地原则，倾向于从消费地征收；②依赖于通过代理变量对消费地进行预测，而非一般所说的供给地点等于消费地点；③使用可见性的代理变量，如货物或土地的地点，或者那些服务发生地或接受地，来决定一些服务的供给地点；④以接受者的地点作为代理变量，来决定许多不可见服务的供给地点。

　　在电子商务中，各国普遍根据服务供给的可见与不可见适用不同的供给地点。在消费型增值税下，可见供给的供给地点同供给物有关，与供给者和接受者无关。对土地的征税，通常以土地的所在地为供给地点。不可

---

① Keen, Hellerstein. Interjurisdictional Issues in the Design of a VAT [J]. Tax Law Review, 2010, 63：359.

见的供给被定义为，不可以通过供给主体的地点来确定供给地点。这并不是说服务是可见的与不可见的。如此分类反映的是使用可见还是不可见的代理变量来决定供给地点。

随着服务跨境贸易与电子商务的发展，服务供给地点体现出极大的相似性，这一趋势将有利于国际服务贸易的发展。因此，在制定服务供给地点时应顺应世界税改趋势，充分借鉴国际经验，促进国际服务贸易的发展。

8 中国增值税改革的战略选择

通过之前章节的分析，有四点内容值得特别强调：第一，最优商品税理论在 20 世纪七八十年代所得出的较为明确的政策建议，在很大程度上影响了各国一般流转税的设计。具体表现为，仅对最终消费品课征消费型增值税成为多数国家的现实选择；增值税的税基尽可能覆盖所有商品与服务，且税率档次较少。但在理论上，增值税优于其他流转税的结论是建立在一系列严格假设条件之上的。如果条件改变，即便在效率方面，营业税也可能优于增值税。而这些结论往往被人们忽略。第二，除了受到理论的影响，增值税替代其他形式的流转税还有两个实践方面的重要原因：一是增值税筹集收入的能力更强，符合增值税的功能定位；二是增值税符合经济全球化背景下对商品与服务贸易自由化的要求，欧盟增值税的成功实践产生了较强的示范效应。第三，次国家级政府增值税在部分国家的成功实践颠覆了一些增值税的传统观点，次国家级政府增值税问题也成为增值税理论研究的新热点。第四，由于受征管等因素的制约，增值税的某些特殊问题（如房地产、金融、政府与非营利组织、小企业以及服务供给地点的确定等）尚未得到很好的诠释与解决。但是，我们可以从这些问题与最终消费之间的关系角度出发，较为深入地理解上述难题产生的根源。

8.1 改革目标与方向：完善消费型增值税，发挥增值税中性特点，实现税收法定

应逐步完善消费型增值税，坚持对商品与服务同等课税的中性原则，保证市场配置资源的决定性作用。

8.1.1 明确增值税的功能定位

增值税不同于特殊流转税，其目标不是借助扭曲性的税制来调节经济，而是要在对市场干预最小的条件下筹集收入。这表明，即便为了促进服务业的发展，也不宜将增值税作为永久的调节性税收工具使用。因此，应明确增值税的最终定位——在尽量减小效率损失的前提下筹集收入。

肯定增值税筹集收入的功能，并不意味着"营改增"后应提高增值税的税负水平。与发达国家一般流转税比重逐步上升的情况相比，我国一般流转税的比重一直很高。自 1994 年税制改革以来，增值税一直是我国的第一大税种。"营改增"后，其收入地位将进一步提升。我国过度依赖间接税的税制结构与发达国家形成鲜明对比。税制结构的差异对我国经济产生了一定影响，在一定程度上降低了国内消费需求，导致对外贸易摩擦频发。因此，应以"营改增"为契机，降低改革后增值税的总体税负水平，为更具收入调节作用的直接税腾出税收空间。

8.1.2 对商品与服务同等课税是增值税中性原则的基本要求

对所有商品与服务的增加值以相同的税率课征增值税，符合税收中性原则。对所有商品与服务适用统一税率，其目的不仅仅是实现公平意义上

的同等对待，更体现出效率原则的要求。从效率角度看，统一增值税的税率，不会扭曲产品的相对价格，能够确保市场对价格的调节机制发挥作用。

上述观点也得到了各国实践的证明。世界上绝大多数国家都以增值税代替其他形式的流转税。在对商品与服务课征增值税时，各国基本坚持无差别课税的中性原则。

8.1.3　落实税收法定原则

十八届三中全会之后，落实税收法定原则成为税制改革的一项重要原则。目前，关于税收法定，公众普遍关注的是消费税这样的特殊流转税。实际上，对于自 1994 年起一直是我国第一大税种的增值税而言，税收法定更为关键。在"十三五"完善消费型增值税的过程中，在增值税总体税负水平与简并税率方面，须切实落实税收法定原则。

8.2　关于"营改增"的几个问题

在新一轮税制改革下，"营改增"被认为是牵一发而动全身的改革。无论是对产业结构调整，还是对中央与地方收入分配关系，都将产生重大影响。因此，应对"营改增"有更为深刻而全面的认识。关于"营改增"，有几点内容需要进一步强调：

8.2.1　如何理解"营改增"对服务业发展的促进作用

为促进服务业发展，政府通常可采用两种不同的思路改革现行税制：一种思路是，通过消除税制对市场的扭曲，使改革前处于不利地位的服务业在改革后可以同其他产业一样，为所有产业的发展提供一个公平的税收环境。这一思路的核心在于，尊重市场规律，发挥市场对资源配置的决定性作用。与此相反，政府也可以采用另一种思路，即通过引入扭曲性税收政策，降低服务业税负，使服务业处于税收洼地，从而达到促进服务业发展的目标。其核心是，政府通过税制设计，对市场进行调节。这两种方式都可以达到促进服务业发展的目标，都具有工具性特征。从工具性的角度看，两种方式本身并无优劣、对错之分。

"营改增"主要体现的是第一种思路。"营改增"将消除增值税与营业税并行的一般流转税制对市场价格的扭曲，为服务业提供一个公平的税收环境，充分发挥市场对资源配置的决定性作用。尽管"营改增"具有较为明显的减税效果（2016 年全国减税规模将超过 5 000 亿元），但也不应将"营改增"简单地理解为通过降低税负促进服务业发展的税收政策。"营改增"对服务业发展的促进作用，可以从改革前后纵向与横向两个角度的对比中加以理解。

（1）纵向对比。"营改增"前，对服务业征收营业税；改革后，征收增值税。相比而言，增值税更有利于促进专业化分工，有利于服务业发展。营业税下，企业有动力通过纵向合并减少交易次数而降低税负，使得"大而全"的企业在税收上更有优势。这与专业化分工背道而驰。增值税总体税负不会受到交易环节多寡的影响，因而，"营改增"是一个从阻碍专业化分工的税制转变为不歧视专业化分工的税制的过程。从纵向对比看，"营改增"对服务业发展具有促进作用。

（2）横向对比。"营改增"前，相比缴纳增值税的第二产业而言，缴纳营业税的服务业在税收上处于不利地位；改革后，对第二产业与服务业同时课征增值税，二者税收处境相同。服务业的税收地位从不利到无差别，横向上体现出对服务业发展的促进作用。

从纵向与横向对比中看出，"营改增"对服务业发展具有促进作用。随着"营改增"的全面推开，服务业在一般流转税上的不利处境有望得到彻底扭转。

8.2.2 如何理解"营改增"后部分服务业税负上升与促进服务业发展之间的"矛盾"

我国商品的一般流转税改革与服务的一般流转税改革不同步的特点，使得我国在"营改增"的过程中不得不处理一个特殊矛盾。在1994年分税制建立之初，为缓解营业税重复征税的不利影响，比照工业的增值率，将服务业的营业税税率水平大体定在3%~5%（娱乐业除外）。"营改增"后，由于服务业多数行业的增值率较高、物耗率较低，所以在以增加值为基础计税的情况下，如果同工业征收相同税率，那么改革后服务业的税负水平反而高于改革前的税负。这与我国发展服务业的总体目标存在一定矛盾。

如何解决改革后服务业税负上升与发展服务业之间的"矛盾"，关键在于如何理解增值税对商品与服务同等课税这一基本原则。在增值税下，只要是增加值相同，无论是商品还是服务，都应当被课征相同的税收。这是因为，增值税的基本理论是建立在最优商品税理论之上的，而在最优商品税的理论分析中，并没有区分商品与服务。也就是说，商品与服务的差异性尚未进入最优商品税的理论分析框架，自然也就不会得出增值税应对商品与服务差别课税的结论。如果坚持现有的基本理论观点，那么，没有理由区分商品与服务。换言之，增加值的大小是增值税计税的唯一标准。在同等税率的条件下，服务业增加值高而缴税多，并不违背消费型增值税的中性原则，恰恰是遵循了中性原则。

当然，这并不意味着对服务业税负剧烈波动置之不理。

首先，笔者认为，增值税的基本原则与服务业税负波动之间的矛盾是一个长期与短期的问题。长期看，应当坚持增值税的中性原则。在特定时期，可以考虑以促进服务业发展的大局为重，对增值税进行局部调整。这也是世界各国的普遍做法。具体而言，短期内可以使服务业税负低于第二产业的税负，以平缓改革的冲击。当然，我们也是这么做的。

实际上，短期与长期亦有本质的联系。短期内，暂时降低服务业税负是为了促进服务业的发展，以服务业的发展带动整体经济的增长；长期看，对商品与服务同等课税，发挥市场配置资源的决定性作用，目的仍然是实现经济增长。因而，二者并不矛盾。因此，在理论上尚未证明服务的增值税税负就应当低于商品税负时，应将对商品与服务同等课税作为"营改增"的总体原则；尽量限制对服务业优惠政策的应用范围，不应将其广泛应用于服务业不同行业的改革之中，适时统一服务与商品的税率。

此外，值得注意的是，已有部分学科深入分析了服务的特殊性，认为，传统的适用于商品的理论分析框架可能不再适用于分析服务。这对税收理论具有一定启示意义。商品与服务的区别，是否足以构成修正甚至重构最优商品论的必要条件，是税收理论研究者可以关注的理论课题。

其次，增值税的行业税负有一定特殊性。增值税销项减进项的特殊计税机制，使得单纯比较中间环节各行业增值税的意义不大。全部流转环节缴纳的增值税总负担只与最终消费环节的税率有关。中间环节的税率高低并不能代表增值税的最终名义税负，只不过中间环节的纳税人往往没有注意到或者不愿承认这样的事实。因此，为降低未来增值税简并税率的阻力，应不断提高广大纳税人的税收认知水平。

8.2.3 关注世界税改新动态，消费型增值税不会"永生"

消费型增值税是我国未来一段时期内一般流转税的主要形式。但长期看，不宜过于迷信欧盟与新西兰的消费型增值税，也要关注世界一般流转税改革的新动态。例如，在大数据时代下，如果可以开征直接消费税（以居民消费支出为基础，针对消费者征收的一般消费税），实现消费税与所得税的对接，那么，打破目前流转税与所得税的对立局面也不是没有可能。届时，增值税可能被新税种取代，增值税归宿不清的弊端将随之消失。

8.3 "营改增"的重要启示

"营改增"的核心理由之一就是，"营改增"可以消除营业税的重复征税。营业税因具有重复征税问题而不利于专业化分工的发展，而增值税更加中性。因此，为提高经济效益，普遍赞同以增值税替代营业税。但是，"营改增"的具体效果如何，至少与两个因素有关：其一，改革前营业税重复征税的程度；其二，改革后增值税的中性程度。

为说明我国营业税重复征税的程度，假定一项产品（商品或服务）经历4个环节，各环节销售额、增加值与相应税收情况详如表8－1所示。

表8－1 增值税与营业税的名义税负 单位：元

项　　目	原材料生产	成品制造	批　　发	零　　售	合　　计
销售额）	100	120	140	180	—
增加值	100	20	20	40	180
增值税（17%）	17	3.4	3.4	6.8	30.6
营业税（17%）	17	20.4	23.8	30.6	91.8
营业税（5%）	5	6	7	9	27

如表 8 - 1 所示，在经历 4 个环节后，因为重复课税，营业税的名义税负（91.8 元）明显高于增值税（30.6 元）。须注意的是，这一结论是在两个税种税率相等（17%）的条件下得到的。

如果营业税税率低于增值税税率，则重复征税的程度将会降低。这正是我国的实际。从 1994 年起，我国营业税税率被设定在 3% ~5%。即便按 5% 计算，对于上面的这个例子，营业税的名义税负也只有 27 元，低于增值税的 30.6 元。尽管不能通过举例的方式以偏概全，但这个例子至少可以说明：营业税 3% ~5% 的税率设计，使得我国营业税重复征税的程度很可能没有想象中的严重。

当然，准确测度营业税重复征税的程度是很困难的[①]，因为营业税重复征税的程度不仅与税率的高低有关，还与流转环节的多寡相关[②]。产品经历的环节越多，重复征税的程度越重。经历的环节越少，重复征税的程度越轻。如果纳税人能够包揽表 8 - 1 中的 4 个环节，则营业税也不会有重复征税的问题，名义税负与增值税相同，均为 30.6 元。

尽管无法确定所有产品经历的流转环节，但却可做一个粗略地推断。随着交易平台的革新（如电子商务的应用），不少产品的流转环节正在逐渐缩短，B2C 越来越普遍。因此，从流转环节看，我国营业税重复征税的程度也很可能并没有想象中的严重。

再者，如果我国营业税的重复征税真的严重扭曲了企业行为，那么，

---

① 有研究曾粗略估计，"扩展到零售环节的销售税，由于重复征税的原因，其实际税率相当于名义税率的两倍半，也就是说如果改流转税的名义税率为 4%，那么它实际上就相当于税率为 10% 的零售环节的销售税"。引自：泰特. 增值税：国际实践和问题 ［M］. 国家税务局税收科学研究所，译. 北京：中国财政经济出版社，1992：11.

② 当然，在相同的流转环节下，靠近前端纳税人的增值率越高，营业税的重复征税效果也越显著。

"营改增"后应出现大量工业企业分离原本内化的服务才对。而"营改增"后，这样的情况并没有成为普遍现象。

简言之，我国增值税 17% 与营业税 5% 的税率安排，以及流转环节逐渐减少的特点，都会大大降低营业税重复征税的程度。这意味着，"营改增"前，我国营业税重复征税的不利影响很可能被严重高估了。将消除我国营业税重复征税的不利影响作为改革的主要理由，其充分性值得商榷。

此外，"营改增"后，为确保"营改增"的顺利推进，为服务业设定了多档低税率。学界普遍认为，过多的税率档次损害了增值税的中性特点，建议适时简并税率。换言之，如果"营改增"前我国增值税的重复征税问题并不严重，"营改增"过渡期的增值税也没有更加中性，那么，"营改增"的具体效果将受到影响。因此，为明确改革的具体影响，应注重基础数据的建设，客观评价税制改革的实际效果，包括改革前的模拟与改革后的评估。除此之外，更应思考的是研究范式的问题。与绝大多数研究相同，本书在讨论"营改增"时，遵循的仍是居于主流地位的财政学研究范式——配置范式。在配置范式下，"财政学家扮演着社会工程师的角色，他们能够观察到或计算出这种反射性回应的强度、方向和结果，并根据同样的规范，对实际财政过程和结果的合意程度进行判断，据此提出政策改善的建议"①。

除配置范式外，还有一种目前影响较小但可能更为重要的研究范式——交易范式。"在交易范式财政学的研究中，财政学家的任务不是要解决政府如何干预的工程学问题，而是要对实际的财政交易过程做出解释"②。落实到"营改增"上，从交易范式的角度看，与其忙于精密地计

---

① 马珺. 财政学研究的不同范式及方法论基础［J］. 财贸经济，2015（7）.
② 马珺. 财政学研究的不同范式及方法论基础［J］. 财贸经济，2015（7）.

算福利损失，寻找最优或次优的税改方案，不如将注意力转向"营改增"方案是如何形成的问题之上。交易范式将为研究税制改革提供一个全新的视角。

参考文献

中文专著

［1］ 泰特. 增值税：国际实践和问题［M］. 国家税务局税收科学研究所，译. 北京：中国财政经济出版社，1992.

［2］ 泰特. 增值税：管理与政策问题［M］. 刘翠微，译. 北京：中国财政经济出版社，1995.

［3］ 财政部财政制度国际比较课题组. 加拿大财政制度［M］. 北京：中国财政经济出版社，1999.

［4］ 财政部财政制度国际比较课题组. 印度财政制度［M］. 北京：中国财政经济出版社，1999.

［5］ 财政部税收制度国际比较课题组. 美国税制［M］. 北京：中国财政经济出版社，2000.

［6］ 财政部税收制度国际比较课题组. 澳大利亚税制［M］. 北京：中国财政经济出版社，2002.

［7］ 财政部财政科学研究所. 营改增　牵一发而动全身的改革［M］. 北京：中国财政经济出版社，2013.

［8］ 邓子基，邓力平. 美国加拿大税制改革比较研究［M］. 北京：中国财政经济出版社，1991.

［9］ 邓力平. 经济全球化、WTO 与现代税收发展［M］. 北京：中国税务
出版社，2000.

［10］ 郭宏德，王文鼎，韩绍初. 增值税概说［M］. 北京：中国财政经济
出版社，1984.

［11］ 格鲁伯，沃克. 服务业的增长：原因与影响［M］. 陈彪如，译. 上
海：上海三联书店，1993.

［12］ 各国税制比较课题组. 增值税制国际比较［M］. 北京：中国财政经
济出版社，1996.

［13］ 高培勇，孙国府，张迪恩. 中国财税改革 30 年：回顾与展望［M］.
北京：中国财政经济出版社，2009.

［14］ 高培勇，杨志勇. 世界主要国家财税体制：比较与借鉴［M］. 北京：
中国财政经济出版社，2010.

［15］ 郝如玉，曹静稻. 当代税收理论研究［M］. 北京：中国财政经济出
版社，2008.

［16］ 黄少军. 服务业与经济增长［M］. 北京：经济科学出版社，2000.

［17］ 霍军. 主要税种比较研究［M］. 北京：中国税务出版社，2002.

［18］ 何德旭. 中国服务业发展报告 No. 6［M］. 北京：社会科学文献出版
社，2008.

［19］ 韩绍初. 改革进程中的中国增值税［M］. 北京：中国税务出版社，
2010.

［20］ 靳东升. 税收国际化趋势［M］. 北京：经济科学出版社，2003.

［21］ 克尔森. 对服务征收增值税［A］. 财政部税政司. 流转税的改革与政
策选择：2000 年商品和劳务税国际研讨会论文集［C］. 北京：中国
财政经济出版社，2002：10 - 20.

［22］楼继伟，等. 深化财税体制改革［M］. 北京：人民出版社，2015.

［23］马斯格雷夫 L A，马斯格雷夫 P B. 财政理论与实践［M］. 5 版. 邓子基，邓力平，译. 北京：中国财政经济出版社，2003.

［24］马歇尔. 经济学原理：上卷［M］. 朱志泰，译. 北京：商务印书馆，2005.

［25］裴长洪，何德旭，高培勇. 中国服务业发展报告 No. 4［M］. 北京：社会科学文献出版社，2005.

［26］裴长洪，夏杰长. 中国服务业发展报告 No. 8［M］. 北京：社会科学文献出版社，2010.

［27］邱祥荣. 电子商务课征加值型营业税之法律探析［M］. 北京：北京大学出版社，2005.

［28］全国人大常委会预算工作委员会. 增值税法律制度比较研究［M］. 北京：中国民主法制出版社，2010.

［29］苏筱华. 中国流转税制研究［M］. 北京：中国税务出版社，2008.

［30］税务总局政策研究处，中国财务会计咨询公司. 各国增值税［M］. 北京：中国财政经济出版社，1987.

［31］盛洪. 分工与交易：一个一般理论及其对中国非专业化问题的应用分析［M］. 上海：上海人民出版社，2006.

［32］图若尼. 税法的起草与设计［M］. 国际货币基金组织，国家税务总局政策法规司，译. 北京：中国税务出版社，2004.

［33］王乔，席卫群. 比较税制［M］. 上海：复旦大学出版社，2004.

［34］瑟仁伊. 比较税法［M］. 丁一，译. 北京：北京大学出版社，2006.

［35］马珺. 财政学研究的不同范式及方法论基础［J］. 财贸经济，2015（7）.

[36] 杜 J F. 发展中国家的增值税［M］. 李春，徐国微，沈康南，等，译. 北京：中国财政经济出版社，1980.

[37] 杨小凯，黄有光. 专业化与经济组织：一种新兴古典微观经济学框架［M］. 张玉纲，译. 北京：经济科学出版社，1999.

[38] 杨默如. 中国增值税扩大征收范围改革研究：基于营业税若干税目改征增值税的测算［M］. 北京：中国税务出版社，2010.

[39] 杨志勇. 税收经济学［M］. 大连：东北财经大学出版社，2011.

[40] 朱为群. 消费课税的经济分析［M］. 上海：上海财经大学出版社，2001.

[41] 朱景文. 比较法总论［M］. 北京：中国人民大学出版社，2004.

中文论文

[1] 安体富，任强. 促进产业结构优化升级的税收政策［J］. 中央财经大学学报，2011（12）.

[2] 财政部农业税收考察团. 巴西的税收制度［J］. 财政，1992（10）.

[3] 程大中. 商品与服务：从分离到综合［J］. 经济学家，2002（2）.

[4] 蔡昌. 对增值税"扩围"问题的探讨［J］. 税务研究，2010（5）.

[5] 陈荣富，杜静. 营业税纳税人对增值税转型很"眼红"［N］. 中国税务报，2009-02-02.

[6] 邓文勇，蒙强. 对现行流转税制改革的设想［J］. 税务研究，2006（12）.

[7] 丁淼. 对金融服务业该不该征收增值税［J］. 国际金融，1996（4）.

[8] 杜莉. 金融业流转税制的国家比较［J］. 税务研究，2002（4）.

[9] 冯菱君、王海勇. 重构我国房地产税制的基本思路［J］. 当地经济研

究，2004（11）.

［10］国家税务局金融税收政策研究课题组. 关于我国金融税收政策若干问题的研究［J］. 财贸经济，2002（11）.

［11］国家税务局课题组. 借鉴国际经验进一步优化中国中长期税制结构［J］. 财政研究，2009（5）.

［12］高培勇. 增值税转型改革：分析与前瞻［J］. 税务研究，2009（8）.

［13］高培勇. 增值税"扩围"，有什么可以期待？［J］. 中国财经报：第6版，2011（11）.

［14］龚辉文. 关于增值税、营业税合并问题的思考［J］. 税务研究，2010（5）.

［15］甘启裕. 将交通运输业纳入增值税征收范围的思考［J］. 税务研究，2011（6）.

［16］侯玉. 各国金融业的增值税比较与借鉴［J］. 涉外税务，2002（8）.

［17］胡秋红，董继华，陈有成. 巴西州际税收协调及其借鉴［J］. 税务研究，2010（8）.

［18］贾康，施文泼. 增值税"扩围"改革与中央和地方财政体制调整［J］. 财贸经济，2010（11）.

［19］姜明耀. 增值税"扩围"改革对行业税负的影响［J］. 中央财经大学学报，2011（2）.

［20］姜明耀. 货物与劳务双元增值税模式探讨［J］. 财贸经济，2012（3）.

［21］刘尚希，孙复兴. 中国增值税征收范围的中长期选择［J］. 管理世界，1998（2）.

［22］李峰. 中国增值税转型路径研究［D］. 北京：中国人民大学，2007.

[23] 李文. 鼓励我国生产性服务业发展的税收政策研究 [J]. 税务与经济, 2008 (3).

[24] 李贺涛. 关于我国现行营业税存在的问题及改革的研究 [D]. 北京: 财政部财政科学研究所, 2011.

[25] 林恭正, 蔡幸珠. 我国营业税超额负担之评估 [J]. 财税研究, 2001 (9).

[26] 刘汉屏, 陈国富. 扩大增值税征收范围的思考 [J]. 税务研究, 2001 (1).

[27] 刘金星, 刘超. 欧盟增值税法最新变化对相关企业的影响 [J]. 湖南工业大学学报: 社会科学版, 2011 (2).

[28] 平新乔, 梁爽, 郝朝艳, 等. 增值税与营业税的福利效应研究 [J]. 经济研究, 2009 (9).

[29] 平新乔. 当代财政学前沿的若干问题 [J]. 经济学动态, 2000 (4).

[30] 童锦治. 关于取消土地增值税的建议 [J]. 发展研究, 1999 (6).

[31] 童锦治. 我国目前的增值税征收范围不宜扩大 [J]. 涉外税务, 2001 (4).

[32] 温来成. 非营利组织税收制度改革趋势分析 [J]. 税务研究, 2004 (12).

[33] 王金霞. 建筑业实行增值税的可行性分析 [J]. 当地经济研究, 2005 (9).

[34] 王金霞. 扩大增值税征税范围的思考 [J]. 税务研究, 2009 (8).

[35] 汪德华, 杨之刚. 增值税 "扩围": 覆盖服务业的困难与建议 [J]. 税务研究, 2009 (12).

[36] 夏杰长. 我国服务业发展的实证分析与财政政策选择 [J]. 经济与管

理研究，2007（2）．

［37］肖捷. 继续推进增值税制度改革［N］. 经济日报，2012 – 04 – 01.

［38］杨斌. 西方模式增值税的不可行性和中国式增值税的制度设计［J］. 管理世界，2001（3）．

［39］岳树民，张耀贵. 改进增值税小规模纳税人管理制度的探讨［J］. 当地经济研究，2003（5）．

［40］杨震. 中国增值税转型经济影响的实证研究［D］. 北京：中国人民大学，2004.

［41］张文春，陈奎. 增值税的国家比较与思考［J］. 财经问题研究，2000（3）．

［42］张欣，陈烨. 增值税理论探讨：为什么说生产型增值税是中性的［J］. 财政研究，2009（4）．

［43］国家税务总局. 经济观察报：增值税改革第二步——消除重复征税［EB/OL］. ［2009 – 01 – 13］. http：//www. chinatax. gov. cn/n8136506/n8136593/n8137681/n8532970/n8533025/8773764. html.

［44］高培勇. 增值税扩围的意义与障碍［EB/OL］. ［2011 – 09 – 05］. http：//www. aisixiang. com/data/43875. html.

［45］席斯. 财政部：增值税替代营业税是下一步税改重点［EB/OL］. ［2009 – 01 – 04］. http：//finance. sina. com. cn/g/2009Ol04/l3105711 742. shtml.

外文专著与论文

［1］Aarron. The Differential Price Effects of a Value – added Tax［J］. National Tax Journal,1968,21（2）．

[2] Schenk A, Oldman O. Value Added Tax: a Comparative Approach [M]. Cambirdge: Cambridge University Press, 2006.

[3] An – condia, Corput. VAT Registration Thresholds in Europe [J]. International VAT Monitor, 2003.

[4] An – condia, Corput. VAT Registration Thresholds in Europe [J]. International VAT Monitor, 2009.

[5] Avi – Yonah. Symposium on Designing a Federal VAT: Part I: Summary and Recommendations [J]. Tax Law Review, 2010, 63.

[6] Basawaraj N. Nimbur. Introduction to Value Added Tax [M]. New Delhi: Criterion Publications, 1984.

[7] Bhatia. Short Run and Long Run in the Theory of Tax Incidence [J]. Public Finance, 1989, 44.

[8] Bhatia. Value – added Tax and the Theory of Tax Incidence [J]. Journal of Public Economics, 1982, 19(2).

[9] Bhatia. Tax Incidence in a Hierarchical Model [J]. Journal of Public Economics, 1988, 37.

[10] Bird, Gendron. Dual VATs and Cross – border Trade: Two Problems, One Solution? [J]. International Tax and Public Finance, 1998, 5.

[11] Bird, Gendron. Sales Taxes in Canada: The GST – HST – QST – RST System [J]. Tax Law Review, 2010, 63.

[12] Browwning, Singelmann. The Emergence of A Service Society: Demographic and Sociological Aspects of the Sectoral Transformation of the Labor Force in the USA [M]. Springfield: National Technical Information Service, 1975.

[13] Carbonnier. Who Pays Sales Taxes? Evidence from French VAT Reforms

1987 – 1999[J]. Journal of Public Economics,2007,91.

[14]Amand C. The limits of the EU VAT Exemption for Financial Services[J]. International VAT Monitor,2009.

[15]Cnossen. VAT Coordination in Common Markets and Federations: Lessons from the European Experience[J]. Tax Law Review,2010,63.

[16] Cnossen. A Proposal to Improve the VAT Treatment of Housing in the European Union[J]. Fiscal Studies,2011,32.

[17] Das – Gupta, Stiglitz. On Optimal Taxation and Public Production [J]. Review of Economic Studies,1972,39.

[18]Das – Gupta,Gang. A Comparison of Sales Taxes[J]. Public Finance,1996, 51.

[19]Diamond, Mirrlees. Optimal Taxation and Public Production I: Production Efficiency[J]. The American Economic Review,1971,61.

[20]Ebrill L,et al. The Modern VAT[M]. Washington D. D. :IMF,2001.

[21]Friedlaender. Indirect Taxes and Relative Prices[J]. The Quarterly Journal of Economics,1967,81.

[22] Fox W F. History and Economic Impact of the Sales Tax [J]. Sales Taxation,2003.

[23]An – condia, Corput. Overview of General Turnover Taxes and Tax Rates [J]. International VAT Monitor,2011,22.

[24]Gurumurithi S. VAT Across the World:a Cross – Country Comparison[M]. New Delhi:Vikas Publishing House,2002.

[25] Gendron. How Should the U. S. Treat Government Entities, Nonprofit, Organizations,and Other Tax – exempt Bodies Ander a VAT[J]. Tax Law

Reviews,2010,63.

[26] Harberger A C. Corporation Income Taxes[J]. International Encyclopedia of Social Sciences,1968,New.

[27] Heady. Optimal Taxation as a Guide to Tax Policy: a Survey[J]. Fiscal Studies,1993,14.

[28] Hillman A L. Public Finance and Public Policy[M]. Cambridge:Cambridge University Press,2003.

[29] Holcome R G. The Ramsey Rule Reconsidered[J]. Public Finance Review, 2002,30(6).

[30] Ault H,Arnold B J. Comparative Income Taxation: A Structural Analysis [J]. Kluwer Law International,2010.

[31] Kay J A,Davis E H. The VAT and Services[A]. Gillis M,Shoup C S,Sicat G P. Value Added Taxation in Developing Countries[C]. Washington D. C. : The World Bank,1990.

[32] Keen,Mintz. The Optimal Threshold for a Value – added Tax[J]. Journal of Public Economics,2004,88.

[33] Keen. VIVAT,CVAT and All That:New Forms of Value – Added Tax for Federal Systems[J]. Canadian Tax Journal,2000,48.

[34] Keen,Hellerstein. Interjurisdictional Issues in the Design of a VAT[J]. Tax Law Review,2010,63.

[35] Krauss,Bird. The Value Added Tax:Critique of a Review[J]. Journal of Economic Literature,1971,9(4).

[36] Kuo et al. Measuring the Non – neutralities of Sales and Excise Taxes in Cannada[J]. Canadian tax journal,1988,36(3).

[37] Lindholm R W. The Value Added Tax: A Short Review of the Literature [J]. Journal of Economic Literature, 1970, 8(4).

[38] Lohmann S, Weiss D M. Hidden Tax and Representative Government: The Political Economy of the Ramsey Rule[J]. Public Finance Review, 2002, 30 (6).

[39] McLure C E. Value Added Tax: Two Views [M]. Washington, D. C. : American Enterprise Institute for Public Policy Research, 1972.

[40] McLure C E. Implementing Subnational VATs on Internal Trade: The Compensting VAT (CVAT) [J]. International Tax and Public Finance, 2000, 7.

[41] McLure C E. Coordinating State Sales Taxes with Federal VAT: Opportunities, Risks, and Challenges[J]. State Tax Notes, 2005.

[42] Millar, R M. Jurisdictional Reach of VAT[D]. Sydney: Sydney Law School, 2008.

[43] Mirrlees. On Producer Taxation[J]. Review of Economic Studies, 1972, 39.

[44] Missorten W. Some Problems in Implementing a Tax on Value Added[J]. National Tax Journal, 1968: 396 − 411.

[45] Myles. Imperfect Competition and Industry − Specific Input Taxes [J]. Public Finance Review, 1995, 23.

[46] Myles. Imperfect Competition and the Taxation of Intermediate Goods[J]. Public Finance, 1989, 1.

[47] Myles. Optimal Commodity Taxation with Imperfect Competition [J]. Warwick Economic Research Papers, 1987, 280.

[48] Newbery. On the Desirability of Input Taxes[J]. Economics Letters, 1986,

20.

[49] Oakland. The Theory of the Value Added Tax: a Comparison of Tax Bases [J]. National Tax Journal, 1967a, 20.

[50] Oakland. The Theory of the Value Added Tax: Incidence Effects [J]. National Tax Journal, 1967b, 20.

[51] Marian O Y. The Discursive Failure in Comparative Tax Law [J]. American Journal Comparative Law, 2010, 58.

[52] Poddar E M. Taxation of Financial Services under a Value – Added Tax: Applying the Cash – Flow Approach [J]. National Tax Journal, 1997, 50.

[53] Piggott, Whalley. VAT Base Broadening, Self Supply, and the Informal Sector [J]. The American Economic Review, 2001, 91.

[54] Perry. International Experience in Implementing VATs in Federal Jurisdictions: A Summary [J]. Tax Law Review, 2010, 63.

[55] OECD. Indirect Tax Treatment of Financial Services and Instruments [R]. Paris: OECD Publishing, 1998.

[56] Bird R M, Gendron P P. The VAT in developing and Transitional Countries [M]. New York: Cambridge University Press, 2007.

[57] OECD. Consumption Tax Trends 2010: VAT/GST and Excise Rates, Trends and Administration Issues [R]. Paris: OECD Publishing, 2011.

[58] Schenk, Zee. Treating Financial Services Under a Value Added Tax: Conceptual Issues and Country Practices [J]. Tax Notes International, 2001, 22.

[59] Studenski. Toward a Theory of Business Taxation [J]. Journal of Political Economy, 1940, 48.

［60］Varsano R. Subnational Taxation and Treatment of Interstate Trade in Brazil：Problems and a Proposed Solution［C］∥ Burki S J, Perry G. Decentralization and Accountability of the Public Sector, Annual World Bank Conference on Development in Latin America and the Caribbean. Washington, D. C. : World Bank, 1999.

［61］Vargo, Lusch. From Goods to Service(s)：Divergences and Convergences of Logics［J］. Industrial Marketing Management, 2008, 37.